笠原将弘の まかないみたいな 自宅飯

笠原将弘

主婦の友社

はじめに

「笠原さんは家では料理するんですか？」

「お店のまかないはどんなの食べるんですか？」

おそらく10万回は聞かれた質問だろう。

答えを言えば、みなさんの夢を壊すようで申し訳ないが、家ではほとんど料理はしないし、まかないも大したものは食べない。さんざんお店で料理をして疲れて帰って、家でまで料理はしたくない。休みの日くらい外食したい。まかないもお店の余り物などを使ってさっと作って、さっと食べる。そんなに豪華でおいしいものを毎日ゆったり食べているわけではないのだ。しかし、しかしだ。

コロナ禍で世の中は大きく変わってしまった。

私の生活スタイルも大きく変わった。

毎日まっすぐ帰宅し、家飲みをするようになった。

休日は家で料理をするようになった。

おかげさまで料理は得意なほうだ。自分の食べたいつまみを毎晩4～5品パパッと作る。外食できないから、行きたい店の料理を再現してみる。子どもたちのリクエストにもこたえて、いろいろなジャンルの料理を作ってみる。自分の店では日本料理しか作れないが、家だったらどこの国の料理でも作れる。何品作ろうが、どんな盛りつけにし

ようが誰にも怒られない。ある休日の献立を書いてみれば、たけのこの土佐煮、えびチリ、鯛のカルパッチョ、トムヤムクン、ハヤシライス、とわけのわからない組み合わせになっている。私はたこぶつでビールを飲み、長女は子羊のグリルでレモンサワーを飲み、次女はチーズでシャンパンを、長男はその横でチャーハンを食っている。

これが笠原家の食卓の光景だ!!

自由でいい。気楽でいい。食べたいものを好きなだけ。オーダーストップも閉店時間もない。家飲みを楽しもう!! 自宅飯を楽しもう!! 台所は遊び場だ!!

この本を読んでくれた皆さんの自宅飯がおいしく楽しくなりますように。

賛否両論

笠原将弘

目次

第2章
早くて旨いの基本は、思い出のまかないにあり

第3章 夜でも、朝昼兼用でも。忙しい日に頼れるは、皆が好きな炭水化物

第4章 具材2〜3種と小なべがあれば、ごちそう風

第5章 つまみでもあり、シメでもある。家にあるものを使って1日の終わりに食べるもの

この本の使い方

- 小さじ1＝5㎖、大さじ1＝15㎖、1カップ＝200㎖です。
- 米は、180㎖＝1合です。
- 「だし」は和風のだしです。こぶや削りがつおは好みのものを使ってください。
- レシピ上、野菜を「洗う」「皮をむく」などの作業は省略してあります。特に表記のない場合、それらの作業をすませてからの手順を説明しています。
- 「水どきかたくり粉」は、かたくり粉を同量の水でといたものです。
- 「あさりの砂出し」は、あさりを塩水に2〜3時間つけて砂出しし、殻と殻をこすり合わせてよく洗ってください。
- 「トマトジュース」は食塩無添加のものを使用しています。食塩が添加されたものを使う場合は、味見をしながら塩かげんを調節してください。
- フライパンはフッ素樹脂加工のものを使用しています。

うちの調味料

調味料を意識して選んで使うと、料理の味わいも変わるので、
わが家で使っているものをヒントに、ご自宅の調味料を選んでみてください。

砂糖

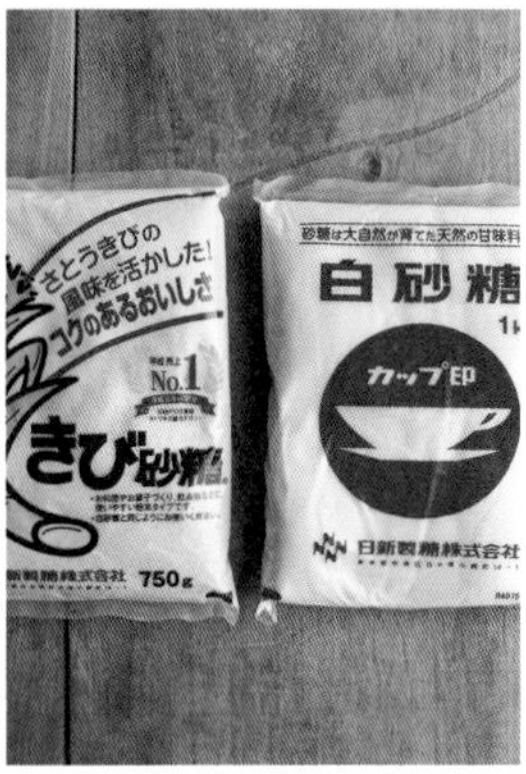

上白糖と風味のよいきび砂糖を

材料に〝砂糖〟と書いているものが上白糖で、くせがなく、あっさりした甘みで料理全般に使えます。上白糖よりもミネラル分の多いきび砂糖も常備していますが、風味がよくまろやかな甘さです。料理にコクを加えたいときにきび砂糖をよく使います。

酢

酸味がマイルドな米酢を

穀物酢も一般的ですが、うまみが強く、まろやかな酸味の米酢を使っています。家では中華料理もよく作るので、黒酢も常備しています。

塩

あら塩が基本です

精製塩は塩けが強いので、ミネラルを多く含んでまろやかな味わいのあら塩がおすすめ。わが家では焼き塩も常備しています。あら塩を焼いたものですが、さらさらとしているので食材にまんべんなく振ることができ、便利です。

しょうゆ

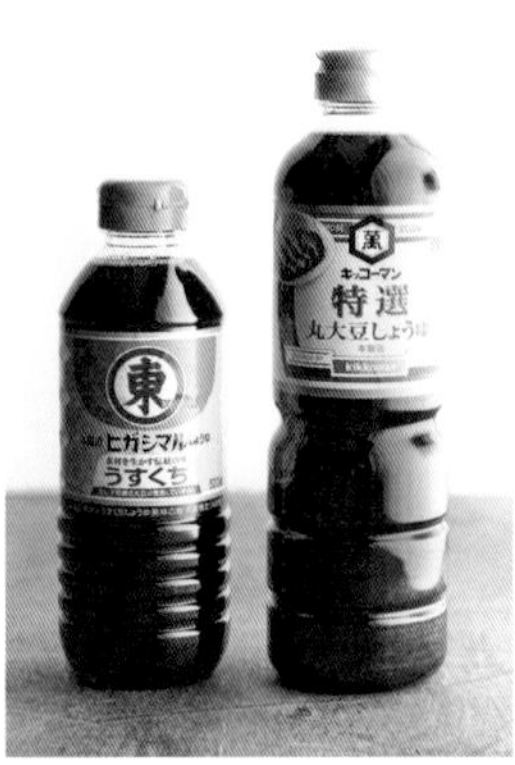

濃口と薄口の2種類で

材料に〝しょうゆ〟と書いてあるのは濃口しょうゆのことです。濃口しょうゆと薄口しょうゆの2本を使い分けて料理を作りますが、野菜などの色を生かして仕上げたいときには薄口しょうゆを使います。保存は常温でよいですが、開封すると風味が落ちやすいので、小さめのサイズをこまめに買うのもよいですね。

みそ

信州みそが使いやすいです

基本的には淡色辛口の信州みそを使いますが、料理によっては白みそ、赤みそを使うことも。みそ汁は2～3種類のみそを組み合わせて使うとよりおいしくなるので、そんな使い方もしています。

みりん

本みりんはまろやかさが違います

本みりんを使っています。みりん風調味料は、アルコール分をほとんど含まず、食塩などが添加されていて味わいがまったく違います。和食にはまろやかなうまみの本みりんが欠かせません。

酒

飲める酒を料理にも

飲むことができる日本酒を料理に使います。料理酒は塩分やほかの調味料が添加されているので、飲むことはできません。私のレシピで料理酒を使うと、本来の味に仕上がらないので、お手ごろのものでよいので日本酒を用意してください。

油

お好みの油を使って

サラダ油として太白ごま油、ごま油として太香ごま油を使っています。太白ごま油は焙煎せずにしぼった香りのないごま油なのでいろいろな料理に使えます。太香ごま油は浅いりしたごまをしぼったやさしい香りです。もちろん、一般的なサラダ油、ごま油を使っても大丈夫です。

うちの調理道具

調理道具は、人によって使いやすいという感覚が違うと思うので、私が使いやすいと思う道具を参考までにご紹介します。

包丁・ペティナイフ

万能タイプとこまかいものを切る用の2本で

全長約33㎝で刃渡り約20㎝の牛刀と全長約27㎝で刃渡り約17㎝のペティナイフの2本を主に使っています。薬味野菜などの小さい食材やフルーツを切るときにはペティナイフがあると便利です。

フライパン

大小2つを使い分けて

主菜を作るときには直径約26㎝、副菜やソースを作るときには直径約22㎝のフライパンをよく使います。フッ素樹脂加工のコーティングがされているものが扱いやすいですね。

なべ

1つのなべを多様に使います

片手なべ

直径約25㎝で深さ約10㎝の片手なべをよく使います。ちょっとした汁物も作りますが、深さがあるので、カレーやシチューなどの煮物もこのなべでたっぷり作ります。

土なべ

サイズはいろいろと持っていますが、直径約24㎝が3〜4人家族だと使いやすいでしょう。炊き込みごはんのお焦げは土なべで炊くからこそ味わえるので、1つは持っているとよいですね。

オーバルなべ

約30×約22㎝で高さ約9㎝のなべは煮物用だけでなく、底に網を入れると蒸し器にもなります。本体のふたになるグリルパンは、ステーキ肉や魚を焼くときに重宝しています。

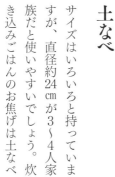

第１章

家にいる時間が増えて、家族そろってごはんを食べる機会も増えました。私が作ればおいしいと子どもたちは思っていますから、やたらとリクエストをしてきます。外食をする機会が減ったせいか、**家族でよく行っていたお店のメニューや、グルメ番組などで紹介されていた料理など**、家の味というよりは外の味を食べたいと思っているようです。ちゃんとしたレシピはわかりませんが、味の再現はそんなに難しくありません。**こうしたらもっとおいしくなるんじゃないかとアレンジを加えるので**、結果的にはオリジナルのレシピになるんです。子どもたちが小さいころから食べているのもあわせてご紹介しますね。

笠原家の「あれまた作って！」はこんな味

牛肉のねぎばさみ焼き

家族でよく行く焼き肉屋さんの
「タン塩ねぎばさみ」という
メニューをアレンジして作っています。
牛タンよりもすき焼き用の牛肉のほうが手に入りやすいし、
大きいからねぎをはさみやすいんです。
サンチュで包むと自宅でも外食気分になれますね。

材料（2人分）

牛肉（すき焼き用）……300g
かたくり粉……適量
ねぎのみじん切り……1/2本分

A
ごま油……大さじ1 1/2
あらびき黒こしょう……少々

しょうがのすりおろし、
にんにくのすりおろし……各小さじ1/2

B
酒、みりん、しょうゆ……各大さじ2
砂糖……小さじ1

サラダ油……大さじ1
いり白ごま……少々
サンチュ……1パック
大根……100g
レモンの半月切り……1/4個分

作り方

1 ねぎとAをまぜ合わせる。

2 大根はすりおろしてざるに入れ、水けをきる。Bはまぜ合わせる。

3 牛肉は大きければ半分に切って、片面にかたくり粉をまぶして1をのせ、半分に折りたたむ。

4 フライパンにサラダ油を中火で熱し、3を並べ入れて焼く。焼き色がついたら上下を返し、両面が焼けたらBを加え、煮からめる。

5 器にサンチュを敷き、4を盛ってごまを振る。2の大根とレモンを添える。

すき焼き用の肉だから、
甘辛い味がぴったり。
白いごはんももりもり
食べてしまいます。

肉も野菜も食べさせたい、わが家の食卓。

厚切り肉を使ったしょうが焼きは、
「賛否両論」のスタッフがまかないで作ってくれて、
おいしかったので自宅でも作るようになりました。
私だったら厚切り肉は1枚をそのまま焼くのですが、
スタッフは厚めのそぎ切りに。
食べやすいし、味がよくからんでいて、
これはいい！と思いました。
こってり味の主菜には、
生野菜を使ったあえ物を合わせて。
こぶのうまみと塩けを利用して
さっとあえただけの簡単な副菜です。
野菜は生で食べられるものだったら何でもいい。
あえる油もオリーブ油でもごま油でもお好みで。

豚肩ロースの
厚切りしょうが焼き
→ レシピ p.18
豆苗とみょうがの
塩こぶあえ
→ レシピ p.18

豚肩ロースの厚切りしょうが焼き

肉は厚めに切って
食べごたえを出して。
野菜もたっぷりで
ボリュームも満点です。

豆苗とみょうがの塩こぶあえ

さっぱりとした豆苗と香りのよいみょうがを
塩こぶと油がまとめてくれます。

材料（2人分）

豚肩ロース厚切り肉（ソテー用）……2枚
薄力粉……適量
玉ねぎ……½個
エリンギ……1パック
赤パプリカ……½個
サラダ油……大さじ1

A
おろししょうが……小さじ1
酒、みりん……各大さじ3
しょうゆ……大さじ2

キャベツ……⅙個
あらびき黒こしょう……少々

豚肉は包丁を少し斜めにしてそぎ切りにすることで、断面積が増えて味がからみやすくなる。

作り方

1 キャベツはせん切りにし、水に放してシャキッとさせ、水けをきって冷蔵室で冷やす。

2 玉ねぎは1cm厚さのくし形に切り、エリンギは縦に食べやすく切り、赤パプリカは細切りにする。

3 豚肉は厚めのそぎ切りにして薄力粉をまぶす。**A**はまぜ合わせる。

4 フライパンにサラダ油を中火で熱し、**2**を入れていため、しんなりしたらいったんとり出す。

5 同じフライパンに豚肉を入れ、全体に焼き色がつくまで焼く。余分な油をふきとって**4**を戻し入れ、**A**を加えて全体にからめる。

6 器に**1**を盛って**5**をのせ、黒こしょうを振る。

材料（2人分）

豆苗……1パック
みょうが……2個

A
塩こぶ……10g
サラダ油……大さじ2
酢……大さじ1
しょうゆ……小さじ1

いり白ごま……適量

作り方

1 豆苗は長さを半分に切る。みょうがは小口切りにする。

2 水に放してまぜ合わせ、シャキッとさせて水けをきる。

3 ボウルに**A**をまぜ合わせ、**2**を加えてさっとあえる。器に盛り、ごまを振る。

鶏胸肉のロースト スイートチリソース風

家族みんなが大好きな料理だからよく作ります。
「おれが焼くからうまいだろ！」
なんて言いながら食卓に出すと、
あっという間になくなっちゃう。
鶏胸肉はコスパがいいのも
自宅飯にはうれしいポイント。
ソースは娘たちがお気に入りのタイ風で。
家にある食材をまぜるだけで作れます。
甘すぎずおいしいと好評なんです。

材料（2人分）

鶏胸肉……1枚（約300g）
塩……少々
サラダ油……大さじ1

A
酢、はちみつ……各大さじ2
豆板醤……小さじ1
しょうゆ……少々

レタス……1/4個
細ねぎ……3本
ミントの葉……適量

B
サラダ油、酢……各大さじ1
みりん、しょうゆ……各小さじ1
あらびき黒こしょう……少々

作り方

1 レタスは一口大にちぎり、細ねぎは5cm長さに切る。ミントは葉を摘み、水に放してシャキッとさせ、水けをきる。

2 ボウルに**B**を入れてまぜ、**1**を加えてさっとあえる。

3 鶏肉は包丁で厚みを均一にして広げ、全体に塩を振る。

4 フライパンにサラダ油を中火で熱し、**3**を皮目を下にして入れて焼く。フライ返しでときどき押さえながら7～8分焼いて皮がパリッとしたら、弱火にして上下を返して2分ほど焼く。もう一度上下を返して皮目を1分焼き、さらに上下を返して1分ほど焼き、とり出して一口大に切る。

5 器に**2**をのせて**4**を盛り、**A**をまぜて添える。

鶏肉は皮目を下にして入れ、フライ返しでしっかり押さえつけて焼くことで、皮がパリッと焼き上がる。

スイートチリソースを常備していないので、家にあるもので代用。「甘すぎなくておいしい」と、子どもたちからの評判も上々。

鶏肉は切らずに
じっくり焼くことで、
皮は香ばしく、
中はふっくらと
焼き上がります。

えびチリはオイスターソースで
えびマヨははちみつで
コクを加えています。

簡単えびチリとえびマヨ

娘2人はえびチリが好きで、

息子はといえばえびマヨのほうが好き。

どちらを作るか迷っていたら、

子どもたちがもめそうになったので

「えーい、両方作るわ！」と、同時調理。

とはいえ、えびをゆでたら2つに分けて

まぜるだけで作ったソースをそれぞれにからめるだけ。

いともあっさり問題解決です。

材料（2人分）

えび……16尾

A
- 酒……大さじ2
- かたくり粉……大さじ1
- 塩……ひとつまみ

かたくり粉……適量

B
- しょうがのすりおろし、にんにくのすりおろし……各小さじ1/3
- トマトケチャップ……大さじ4
- 豆板醤……小さじ1
- オイスターソース……小さじ1/2

C
- マヨネーズ……大さじ3
- はちみつ……小さじ1
- 豆板醤……小さじ1/3
- あらびき黒こしょう……少々

レタス……1/4個

ねぎ……1/4本

貝割れ菜……適量

作り方

1 レタスはせん切りにする。ねぎはみじん切りにする。

2 えびは殻と背わたを除いて**A**をもみ込み、汚れが浮いたら水でさっと洗う。水けをふき、かたくり粉をまぶす。

3 なべに湯を沸かして**2**を入れ、火が通るまでゆで、ざるに上げて湯をきる。

4 **B**、**C**をそれぞれボウルに入れてまぜ合わせ、**3**を半量ずつ加える。**B**にねぎを加え、それぞれさっとあえる。

5 2つの器に**1**のレタスを等分に敷き、**4**をそれぞれ盛り、えびマヨには貝割れ菜を散らす。

えびは酒、かたくり粉、塩を手でもみ込むと汚れが浮きやすくなる。さらにかたくり粉をまぶしてぷりっとした食感に。

細ねぎのポテサラ

→ レシピ p.26

ある日の晩酌。

〜家族でよく行くファミレスを手本に〜

よく行くファミリーレストラン（サイゼリヤです）に、
辛みのきいた手羽先の揚げ物があります。
子どもたちはメインの前に
前菜感覚で食べ、私はビールのあてに。
みんな手で持ってかぶりついて食べるんです。
そんなに好きな味だから、
自宅でも食べたくて再現してみました。
辛めのおかずには、
少し酸味のあるポテトサラダがよく合います。
具は細ねぎだけと超シンプル。
ハムやきゅうりが入っていなくても、
仕上げに振る削りがつおのうまみで
満足感を出します。

辛み手羽先

→ レシピ p.26

辛み手羽先

たっぷりめの豆板醤と
こしょうで下味をつけ、
パンチのある味に。
あとを引くおいしさです。

細ねぎのポテサラ

材料（2人分）
じゃがいも（男爵）……2個
細ねぎ……5本
塩……少々
A 酢……大さじ1
オリーブ油……小さじ1
砂糖……小さじ½
マヨネーズ……大さじ3
B 薄口しょうゆ……小さじ½
あらびき黒こしょう……少々
削りがつお……3g

マヨネーズで調味する前に、
下味の調味料で
ほどよく酸味をきかせて
しっかり味に。

材料（2人分）
鶏手羽先……12本
A
おろしにんにく……小さじ1
豆板醤……大さじ3
酒……大さじ1
塩、あらびき黒こしょう……各小さじ½
かたくり粉……適量
サラダ油……適量
レモン……¼個

作り方
1 手羽先は関節から先を切り落とし、包丁で身側に切り込みを入れる。
2 ボウルにAをまぜ合わせて1を入れ、よくもみ込む。冷蔵室で1時間ほどおく。
3 汁けをきり、かたくり粉を全体にまぶす。
4 フライパンにサラダ油を1㎝深さまで入れて熱し、3を皮目を下にして並べ入れて5分ほど揚げ焼きにする。上下を返し、さらに5分ほど揚げ焼きにし、油をきる。
5 器に盛り、レモンを半分に切って添える。

手羽先は皮目の反対側の面に縦に切り込みを入れ、下味をしみ込みやすくし、火を通りやすくする。

5分ほど揚げ焼きにし、皮目がカリッとしたら上下を返す。

作り方
1 細ねぎは小口切りにする。
2 じゃがいもは一口大に切る。なべで水から塩ゆでにし、やわらかくなったら湯を捨て、火にかけたまなべごと揺すって水けをとばす。
3 熱いうちにAを加えてからめる。木べらでざっくりつぶしてBを加えてまぜ合わせ、1を加えてさっとまぜる。
4 器に盛り、削りがつおを振る。

水けをとばしたら熱いうちに下味をつけてつぶし、さらに調味する。ゆでたなべの中で調味すれば、洗い物も減らせる。

ほたてシューマイ
→ レシピ p.30

父との日々を思い出す、崎陽軒気分な日の夕餉《ゆうげ》。

横浜名物の崎陽軒の「シウマイ」。
おやじ、好きだったなぁ。
出かけた先で見かけると必ず買って帰ってくる。
だから、私も物心ついたころから
よく食べていて、大好きな味になりました。
今でも、東海道新幹線に乗ると
崎陽軒の「シウマイ弁当」を買ってしまうし、
おまけでついてくる
しょうゆ入れの「ひょうちゃん」も
家にたくさんあります。
味の決め手はほたて貝柱。
崎陽軒ではうまみが凝縮している
干し貝柱を使っているようですが、
手軽にほたて貝柱缶でも
近い味を再現することができます。
シューマイに合わせる副菜は、
野菜をたっぷり使った煮びたしで。
知り合いの家での飲み会で出てきた一品。
私はセロリが苦手ですが、
セロリの香りが上品でとてもおいしいと思い、
作るようになりました。

にら、セロリ、
アスパラガスの煮びたし

→ レシピ p.30

ほたてシューマイ

口に入れると、
ほたて貝柱のうまみが
ジューシーにジュワッと
広がります。

にら、アスパラガスの煮びたし

材料（2人分）
にら……1/2束
セロリ……1本
グリーンアスパラガス……5本
A
だし……3カップ
みりん、薄口しょうゆ……各大さじ3

透き通るようなセロリが
いい味を出しているんです。
緑野菜の組み合わせが美しい！

材料(2人分)

ほたて貝柱缶……1缶(約65g)
豚ひき肉……200g

A
- ごま油、オイスターソース、紹興酒(または酒)……各大さじ1
- 砂糖、しょうゆ……各小さじ2
- 塩、こしょう……各少々

ねぎ……1/2本
しょうがのすりおろし……10g
かたくり粉……大さじ1
シューマイの皮……15枚
ねりがらし……少々

作り方

1 ねぎはみじん切りにする。

2 ボウルにひき肉と**A**を入れ、粘りが出るまでよくねりまぜる。ほたて貝柱を缶汁ごとと、しょうがを加え、まぜ合わせる。

3 **1**にかたくり粉をまぶし、**2**に加えてまぜる。

4 15等分にしてシューマイの皮で包む。

5 蒸し器の上段に並べ入れ、蒸気の立った蒸し器にのせてふたをし、中火で10分ほど蒸す。

6 器に盛り、ねりがらしを添える。

肉だねをよくまぜてから、ほたて貝柱を加える。うまみがたっぷりなので、缶汁も残さず入れる。

作り方

1 にらは5㎝長さに切り、セロリは筋をとって5㎝長さの棒状に切る。アスパラガスは根元のかたい部分を折り、下1/3ほどをピーラーでむき、長さを3等分に切る。

2 なべに**A**を入れて中火にかけ、セロリ、アスパラガスを入れ、煮立ったら弱火にして2~3分煮る。にらを加えてさっと煮て火を止め、そのまま冷ます。あら熱がとれたら冷蔵室で1時間ほど冷やす。

3 器に煮汁とともに盛る。

にらは長く火を通すとくたっとしてしまうので、セロリとアスパラガスがやわらかくなってから加えて、さっと加熱する。

子どもたちと一緒にテレビで見て
「うまそう～」となって、再現。
甘辛いコチュジャンとチーズが
絶妙に合いますね。

チーズタッカルビ

材料（2人分）

鶏もも肉……1枚

A
にんにくのすりおろし……小さじ1
コチュジャン、みりん、しょうゆ
……各大さじ2
きび砂糖……大さじ1

キャベツ……1/4個
玉ねぎ……1/2個
にんじん……100g
じゃがいも……1個
ピザ用チーズ……100g
ごま油……大さじ1

作り方

1 鶏肉は一口大に切ってボウルに入れ、Aを加えてもみ込み、10分ほどおく。

2 キャベツはざく切りにし、玉ねぎは1cm厚さのくし形に切り、にんじん、じゃがいもは細切りにする。

3 フライパンにごま油を中火で熱し、2をいためる。しんなりとしたら1を加えていため合わせ、鶏肉に焼き色がついたらふたをして、7～8分蒸し焼きにする。

4 ふたをとってピザ用チーズをのせ、ふたをしてチーズがとけるまでさらに蒸し焼きにする。

たまたま残っていた長いもを
皮つきのまま切って、つけ合わせにしてみたら、
香ばしくて家族に好評でした。
定番のぶり照りもちょっとしたアレンジで、
ウケるんですね。

ぶりと長いもの照り焼き

材料（2人分）

ぶり……2切れ
長いも……150g
絹さや……6枚
薄力粉……適量
A 酒、みりん、しょうゆ……各大さじ2
　砂糖……大さじ½
サラダ油……大さじ1
ねりがらし……少々

作り方

1 長いもは皮つきのまま1cm厚さの輪切りにする。絹さやは筋をとる。Aはまぜ合わせる。

2 ぶりはキッチンペーパーで水けをふき、薄力粉をまぶす。

3 フライパンにサラダ油を中火で熱し、2、長いもを並べ入れて焼く。焼き色がついたら上下を返し、両面がこんがりと焼けたらキッチンペーパーで余分な油をふきとる。Aと絹さやを加え、煮からめる。

4 器に盛り、ねりがらしを添える。

鯛めし

材料（4人分）

米……540mℓ（3合）
鯛（切り身）
……2切れ（約150g）
塩……少々

A
こぶ（だし用）……5g
水……2½カップ
酒……¼カップ
しょうゆ、薄口しょうゆ
……各大さじ1⅔

三つ葉の茎……10本
いり白ごま……適量

作り方

1 Aはまぜ合わせて30分以上おく。

2 米は洗い、水にひたして30分おき、ざるに上げて水けをしっかりきる。

3 鯛は塩を振って、魚焼きグリルで7～8分焼き、皮と骨を除いてほぐす。三つ葉は小口切りにする。

4 土なべに**2**、**1**を入れて軽くまぜ、ふたをして強火にかける。煮立ったら中火にして5分、弱火にして15分炊き、火を止める。

5 こぶをとり出して鯛を散らし入れ、ふたをして5分ほど蒸らす。三つ葉とごまを全面に散らす。器に盛り、好みで三つ葉の葉を添えても。

ごはんが炊き上がったところに、ふっくらと焼いた鯛の身を散らし入れる。ふたをして蒸らすことでごはんに鯛のうまみが移る。

「賛否両論」でもお出ししている炊き込みごはん。
この鯛めしを次女が大好きで、
店に来たときには必ず食べるのですが、家でも食べたい。
いつでも食べたいのです。
だから、いい鯛の切り身が手に入ったら、
めでたい日でなくても作ってしまいます。

ふっくらとして
上品な味わいの
鯛の身がたっぷり。
お焦げもおいしいから、
土なべごはんは
いいもんです。

切り干し
大根のサラダ

→ レシピ p.38

たらのムニエル

→ レシピ p.38

魚嫌いの息子にささぐ、
ある日の洋風献立。

魚が苦手な長男のために考えたメニューです。
切り身に黒こしょうを多めに振ってカリッと焼き、
ソースは、たっぷりのバターを少し焦がしたところに
ケイパーやにんにく、パセリ、トマトなどを加えた、
フランス料理の手法で作ります。
このソースと魚を組み合わせると、
若者が大好きな、しっかり味になるんですね。
魚はたらに限らず、鮭でもめかじきでも
年じゅう出回っている魚でおいしく作れます。
高校生の息子が大好きな一皿です。
一緒に食べる副菜は、王道のマヨネーズ味に。
切り干し大根やみょうがといった和の食材は、
洋風っぽい味つけにもよく合います。

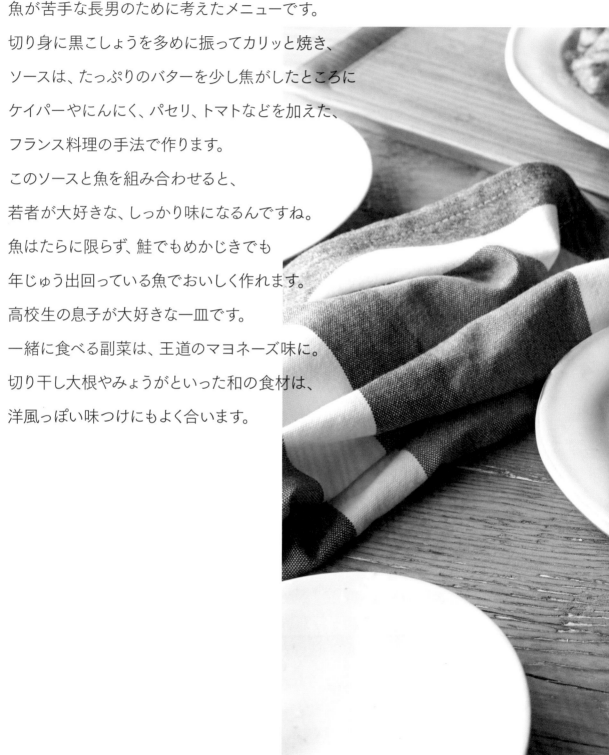

たらのムニエル

コクがあって
トマトの酸味のあるソースを
カリッと香ばしく焼いた
たらにからめながらどうぞ。

材料（2人分）
たら……2切れ
塩……少々
あらびき黒こしょう……適量
薄力粉……適量
サラダ油……大さじ1

切り干し大根のサラダ

切り干し大根は
もどさずに使うから、
すぐに作れます。
しっかりした歯ごたえも
心地よいです。

バター……10g
トマト……¼個
玉ねぎ……20g
にんにく……1かけ
パセリ……少々

A
バター……80g
ケイパー……大さじ1
酢……大さじ1
しょうゆ……小さじ1

作り方

1 トマトは1㎝角に切り、玉ねぎ、にんにく、パセリはみじん切りにする。

2 たらは小骨を除き、水けをふく。塩、黒こしょうを振って薄力粉をまんべんなくまぶす。

3 フライパンにサラダ油、バターを中火で熱し、**2**を皮目を下にして並べ入れる。焼き色がついて皮がカリッとしたら上下を返してさっと焼き、とり出してできればあたたかい場所におく。

4 フライパンをキッチンペーパーでふいてきれいにし、**A**のバターを入れる。泡立って少し色づいてきたら**1**と残りの**A**を加え、まぜ合わせてさっと火を通す。

5 器に**4**を敷き、**3**をのせる。

あらびき黒こしょうは、たらの両面にたっぷりめに振る。手で軽くなじませて。

バターは写真のように少し茶色くなるまで加熱すると、コクのあるソースに仕上がる。

材料（2人分）
切り干し大根……30g
みょうが……1個
青じそ……5枚

A
酢……大さじ3
サラダ油、マヨネーズ……各大さじ2
砂糖……大さじ1
塩……小さじ½
あらびき黒こしょう……少々

いり白ごま……小さじ1

作り方

1 ボウルにたっぷりの水と切り干し大根を入れ、ほぐしながらもみ洗いをする。水けをしぼってざく切りにする。

2 みょうがは縦半分に切ってせん切りにする。青じそはせん切りにする。

3 ボウルに**A**をまぜ合わせ、**1**、**2**を加えてまぜ、ごまを加えてさっとまぜる。

甘えびとほたてのタルタル

家族でよく行っていた、
洋風居酒屋のメニューです。
ねっとりとろりとした舌ざわりに、
濃厚な甘みがたまりません。
香ばしいバゲットとよく合います。

材料（2人分）

甘えび（刺し身用）……60g
ほたて貝柱（刺し身用）……4個
細ねぎ……2本
黒オリーブの塩漬け……2個
赤パプリカ……20g
にんにくのすりおろし……½かけ分

A
オリーブ油……大さじ2
酢……小さじ1
塩……小さじ⅓
こしょう、しょうゆ……各少々

バゲット……適量
レモンのくし形切り……⅛個分
粒マスタード……大さじ1

作り方

1 細ねぎは小口切りにし、オリーブは種を除いてみじん切り、赤パプリカはあらみじんに切る。
2 甘えびは殻をむいてあらみじんに、ほたてもあらみじんに切る。
3 **A**はまぜ合わせる。
4 ボウルに**1**、にんにく、**2**、**3**を入れてまぜ合わせ、器に盛る。
5 バゲットは薄切りにしてオーブントースターで焼き、レモン、粒マスタードとともに**4**に添える。

まぐろのカルパッチョ

材料（2人分）
まぐろ（赤身・刺し身用）
……1さく（約150g）
長いも……50g
細ねぎ……3本
みょうが……1個
あらびき黒こしょう……少々
A
オリーブ油、しょうゆ
……各大さじ1
バルサミコ酢……大さじ½

たたきを作る要領で、
ドレッシングを指先で
まぐろになじませます。
長いもは食感でも見た目でも
アクセントに。

作り方
1 長いもは5㎜角の棒状に切る。みょうがは縦半分に切ってせん切りにし、細ねぎは小口切りにする。
2 まぐろは一口大のそぎ切りにし、器に少しずつ重なるようにして広げて盛る。
3 Aはまぜ合わせて2に回しかけ、指先で全体をたたいて、味をなじませる。
4 細ねぎを全体に散らして長いもを散らす。黒こしょうを振り、みょうがをのせる。

わが家のカツカレー

カレーもとんカツも好きな長男だから、
大好物はカツカレー。
時間のある日曜日なんかは、
決まってこれを作ります。
カレー自体はなじみの野菜をいためて
煮るだけだから実は簡単で、
だしや和の調味料を使うところが笠原家流。
今回、とんカツのレシピも紹介しましたが、
家で作るよりもお肉屋さんのカツを
買ってきてのせたほうが本当は旨い、と思っています。

材料(2人分)

カレー

玉ねぎ……1個
セロリ……100g
にんじん……100g
にんにく……1かけ
しょうがのすりおろし……10g
カレー粉、薄力粉……各大さじ2

A
だし……2カップ
トマトジュース……1カップ

B
みりん、しょうゆ……各大さじ2½
みそ……大さじ1
砂糖……小さじ2

ガラムマサラ、ラー油……各大さじ½
塩……適量
こしょう……少々
サラダ油、バター……各大さじ1

とんカツ

豚ロース肉(とんカツ用)…2枚
塩、こしょう……各少々
薄力粉、生パン粉……各適量

C
卵……1個
牛乳……大さじ2
薄力粉……40g

揚げ油……適量
あたたかいごはん……適量
キャベツのせん切り……1/6個分
福神漬け……適量

作り方

1 カレーを作る。玉ねぎ、セロリ、にんにくはみじん切りにし、にんじんはすりおろす。**A**、**B**はそれぞれまぜ合わせる。

2 フライパンにサラダ油、バターを入れて中火にかけ、**1**の野菜、しょうがを入れて塩少々を振り、いためる。香りが立って野菜がしんなりしたら、カレー粉、薄力粉を加え、粉っぽさがなくなるまでいためる。**A**を少しずつ加え、かきまぜながら煮る。とろみがついたら**B**、ガラムマサラ、ラー油を加え、2~3分煮て塩、こしょうで味をととのえる。

3 とんカツを作る。**C**はまぜる。豚肉は筋切りをして塩、こしょうを振り、薄力粉、**C**、パン粉の順に衣をつける。

4 なべに揚げ油を170度に熱して**3**を入れ、途中で返しながら7~8分揚げる。油をよくきって一口大に切る。

5 器にごはんを盛り、**2**をあたためてかけ、**4**をのせてキャベツ、福神漬けを添える。

カツのサクッとした衣に
ジューシーな豚肉。
とろりとしたカレーは
野菜の甘みがたっぷり。
最強の組み合わせです。

タイ料理好きの娘2人が
よくリクエストしてきます。
本場は揚げるようですが、
自宅では焼いて作っています。

タイ風えびトースト

材料(2人分)

えび……200g
塩……適量
かたくり粉……少々
細ねぎの小口切り……3本分
ラード……大さじ1
A
酒、砂糖、ナンプラー、
かたくり粉……各小さじ1
こしょう……少々
食パン(8枚切り)……2枚
サラダ油……小さじ1
バター……大さじ1
レモンの半月切り……1切れ
B
酢、はちみつ……各大さじ1
豆板醤……小さじ1

作り方

1 えびは殻と背わたをとり、塩少々、かたくり粉をもみ込んで汚れを落とし、水で洗ってしっかり水けをきる。包丁でたたいてミンチ状にし、ボウルに入れて塩小さじ1/3を振り、手で粘りが出るまでよくねる。**A**、細ねぎを加え、よくまぜ合わせる。

2 食パンは1枚を3等分に切り、**1**を塗る。

3 フライパンにサラダ油を中火で熱し、**2**をえびの面を下にして並べ入れ、3〜4分焼く。焼き

色がついたらキッチンペーパーで余分な油をふいて上下を返し、バターを加えてパンの面をカリッと焼く。

4 器に盛り、レモンと、**B**をまぜ合わせて添える。

果物のカプレーゼ

果物と生ハムが好きな
長女のためによく作ります。
シャンパンに
ぴったりとのこと。

材料（2人分）

いちじく……1個
ぶどう……6粒
キウイフルーツ（ゴールド）……1個
モッツァレラ……1個
生ハム……5枚
オリーブ油……大さじ1½
塩、あらびき黒こしょう……各少々

作り方

1 いちじくとぶどうは皮つきのまま、キウイとともに食べやすく切る。

2 モッツァレラは一口大に切る。

3 器に**1**、**2**、生ハムを彩りよく盛り、オリーブ油を回しかける。チーズの上に塩を振り、全体に黒こしょうを振る。

＊フルーツは季節によって好みのものを。オレンジ、桃、柿なども合う。

自宅に常備しているもの

【冷蔵庫編】

ベーコン

洋風の煮物やスープなどに少量加えるだけでうまみがアップするので欠かせません。切る手間の少ない薄切り、厚めに切って主材料として使えるブロック、双方に魅力があります。

ちくわ

魚だと思って使っています。食べやすく切っていため物の具にしたり、穴にきゅうりやチーズを詰めておつまみやお弁当のおかずにしたりしています。

梅干し

料理に合わせて使い分けるので、塩分濃度が低めのものや、カリカリ梅、小梅、はちみつ入りなど数種類を常備しています。ごはんにのせるときも味や食感の違いを楽しめます。

冷蔵庫にたんぱく源になる食材を常備しておけば、
何にもない！と思ったときでも、
主菜になるおかずを作ることができるので安心です。
どれも下ごしらえをする必要がなく、
火を通すとしてもさっとでいいものばかりですから、調理は簡単。
時間のないときにもありがたい食材です。
あと、梅干しはごはんにのせるのはもちろんですが、
調味料がわりにも使うので、必需品ですね。

とうふ

冷ややっこには絹ごしどうふを使ってなめらかな舌ざわりを楽しみ、煮物には形がくずれにくい木綿どうふを使って大豆のうまみを堪能するのが、私の好みです。

卵

ほかの食材が何もなくても、卵さえあれば、卵焼きやだし巻きといった、立派なひと品が作れ、そして華やか。最強の食材だと考えています。ごはんと合わせればどんぶり物、雑炊なども簡単に作れますしね。

納豆

ほかの食材と合わせても、大豆のうまみをしっかり感じられる大粒の納豆が好きです。ごはんにのせるだけでなく、あえ物の具のひとつとしてよく活用します。

第2章

早くて旨いの基本は、思い出のまかないにあり

私は日本料理店で9年間修業しましたが、入店1年目にまかされたまかない作りで、多くのことを学びました。使う食材、調理時間、予算など、制限が多い環境で行わねばならないまかない作りは、**家庭料理にも共通することが多くあります。**新人1人で約50人分を本来の仕事の合間に作るわけですから、手間をかけてはいられません。材料も、**使い切れずに残ったものをうまく活用します。**家庭でも冷蔵庫にある残りもので手早くおいしく作れたら、うれしいですよね。まかないもまさにそれです。

さらに、早く調理するときの食材選びとして、切らずに使えるというのは大きな時短ポイントで、**豚こまぎれ肉、ひき肉、鶏手羽、鮭の切り身**は実際によく利用していました。また、**魚のあらや野菜の皮**なども処分せず、大切に使います。思い出たっぷりの食材で、家庭で手間をかけずに作れるものをご紹介します。

気兼ねなく使えてほどよい脂身もいい

豚こまぎれ肉　のおかず

回鍋肉

→ レシピ p.52

キャベツと大根に頼る ある日の夕飯、その1。

修業時代の師匠は
「料理の原点をちゃんと調べてから作れ」
と言う人だったので、まかない作りでも、
名前のある料理は本来の作り方を
本で調べてから作るように心がけていました。
回鍋肉もそのひとつです。
近年ではキャベツや肉を
いきなりいためるレシピが主流ですが、
それぞれをゆでてから
さっといためるのが本来の作り方。
「回（ホイ）」には戻すという意味があり、
ゆでた豚肉をなべに戻すということから
この名前がついているのです。
ゆでるひと手間で
肉がふっくら仕上がるんですね。
副菜のハリハリ漬けは、まかないの定番です。
大根の皮は毎日のようにたくさん残ります。
それをムダにせずに使い切るのも醍醐味ですね。

大根の皮の
ハリハリ漬け

→ レシピ p.52

回鍋肉《ホイコーロー》

甜麺醤《テンメンジャン》を使わなくても、
みそや砂糖などで
コクのある味に仕上がります。

大根の皮のハリハリ漬け

材料（2人分）
大根の皮（厚めにむいたもの）
……1本分
赤とうがらしの小口切り
……2本分
こぶ（だし用）……3g

A
酢……½カップ
しょうゆ……90mℓ
砂糖……大さじ2
みりん……大さじ1

かむとハリハリと音がするから
ついた名前だそう。
甘ずっぱく、
箸休めにぴったりです。

材料（2人分）

豚こまぎれ肉……250g
キャベツ……1/4個
ねぎ……1本
ピーマン……2個
しょうが……15g
塩……少々
A 酒、みそ……各大さじ2
　砂糖、しょうゆ……各大さじ1 1/2
　一味とうがらし……少々
サラダ油……大さじ2

作り方

1 キャベツはざく切りにし、ねぎは斜め薄切りにする。ピーマンは縦半分に切ってへたと種をとり、縦1cm幅に切る。しょうがはみじん切りにする。Aはまぜ合わせる。

2 なべに湯を沸かして塩を入れ、キャベツをさっとゆでてざるに上げる。同じ湯で豚肉をゆで、肉の色が変わったらざるに上げる。

3 フライパンにサラダ油を中火で熱し、ねぎ、ピーマン、しょうがをいためる。しんなりとしたら、2を加えていため合わせ、Aを加えてさっといため合わせる。

豚肉は長くゆでるとかたくなるので、色が変わる程度にさっとゆで、すぐにとり出す。

作り方

1 大根の皮は5cm長さに切り、繊維に沿って細切りにする。ざるに広げ、風通しのよいところで、2～3時間干す。

2 ボウルにAと赤とうがらしをまぜ、1を加えてざっとまぜ合わせる。冷蔵室に入れて1日おく（2～3日おくともっとおいしくなる）。

3 こぶをとり出し、キッチンばさみで細く切り、戻してまぜる。器に盛り、好みで削りがつおをかける。

冷蔵で
1週間
保存可

ざるに重ならないように広げ、ベランダなど風通しのよいところにおいて干す。日は当たらなくてもよい。

豚こまぎれ肉は味が
からみやすいのも魅力。
ほかの具とまぜやすいから、
玉ねぎでかさ増しもできる。

材料（2人分）
豚こまぎれ肉……250g
玉ねぎ……½個
しょうがのすりおろし……20g

A
しょうゆ……大さじ2½
酒……大さじ2
砂糖……大さじ1
味とうがらし……少々

サラダ油……大さじ2
キャベツ……⅙個
大根……200g
マヨネーズ……適量

作り方

1 キャベツはせん切りにする。大根はかつらむきにしてせん切りにする。まぜて水に放し、シャキッとさせて水けをしっかりきる。

2 玉ねぎは細切りにする。**A**はまぜ合わせる。

3 フライパンにサラダ油を中火で熱し、玉ねぎをいためる。しんなりしたら豚肉を加えていため、豚肉に半分くらい火が通ったら**A**としょうがを加え、強火にしてさっといためる。たれが煮立ったらすぐに火を止め、余熱で火を通す。

4 器に**1**と**3**を盛り、マヨネーズを添える。

豚のしょうが焼き

調味料を加えてから長くいためると、
肉がかたくなってしまうので、余熱で火を通します。
こういうことは、少し前までまかないを作っていた
２年目の先輩が教えてくれました。
あと、せん切りキャベツに大根のせん切りを
まぜるのもまかないではよくありました。
私たち新人が大根をかつらむきにしてけんを作るのですが、
それが太すぎてお客さまには出せないから、まかないで使えと
先輩から怒られた結果の使いみちでした。

豚こま大根

→ レシピ p.58

キャベツと大根に頼る
ある日の夕飯、その2。

修業時代の店のまかないを作る時間は、
アイドルタイムである午後3～5時ごろ。
煮物は煮終えてからゆっくり冷ますことで
味がしみていくため、
店の営業が終わって食べるころには、
しっかり味が入って
おいしくなっているのです。
豚こま大根もそのひとつ。
家庭でも昼間にあいた時間を利用して、
やってみてください。
数種類の漬け物を刻んで作る
「かくや」もまかないではよく登場します。
入店1～2年目は漬け物場の担当になり、
ぬか床の管理もしていました。
漬かりすぎてしまったぬか漬けの使いみちとして、
かくやはありがたい料理でした。

キャベツのかくや
→ レシピ p.58

豚肉をさっとゆでて、
余分な脂を落とすから
煮汁は透明感があり、
すっきりとした味わいです。

豚こま大根

いろいろな漬け物の
うまみが交錯して複雑な味わいに。
キャベツのかわりに白菜でも。

キャベツのかくや

材料（作りやすい分量）

キャベツ……1/6個
たくあん……40g
きゅうりのぬか漬け……1本
なすのぬか漬け……1個
大根のぬか漬け……50g
にんじんのぬか漬け……50g
塩……少々
いり白ごま……適量

材料（2人分）
豚こまぎれ肉……250g
大根……400g
さやいんげん……6本
A
だし……2½カップ
しょうゆ……大さじ3
酒、砂糖……各大さじ2
ねりがらし……少々

大根は下ゆですることでアクやえぐみがとれ、煮汁の味がしみ込みやすくなる。

作り方
1 大根は厚めに皮をむき、2㎝厚さの半月切りにする。さやいんげんはへたを切る。
2 なべに大根と、かぶるくらいの水を入れて強火にかける。沸いたら弱火にして20分ほど下ゆでし、バットなどにとり出す。
3 同じ湯で豚肉をゆで、肉の色が変わったらざるに上げる。
4 なべに大根、豚肉を入れてAを注ぎ、強火にかける。煮立ったら弱火にし、落としぶたをして20分ほど煮る。さやいんげんを加えて5分ほど煮て、火を止める。できれば味が入るまでそのままおく。
5 器に盛り、ねりがらしを添える。

作り方
1 キャベツはあらみじんに切り、塩を振ってざっとまぜ、10分ほどおく。しんなりしたら、水けをしっかりしぼる。
2 たくあんはせん切りにする。
3 きゅうりとなすのぬか漬けは斜め薄切りにし、大根とにんじんのぬか漬けは薄いいちょう切りにする。4種とも水に5分ほどつけて塩けを少し抜き、水けをしっかりしぼる。
4 ボウルに1、2、3を入れてさっとあえ、ごまを振る。

数種類の漬け物をまぜて、味わいや歯ざわりの変化を楽しむ。組み合わせに決まりはないので、手元にある漬け物で。

他人丼

私がまかないを担当した日に、
先輩が卵を誤発注してしまい、大量に余ることに。
そこで、卵をまかないで使え指令が出たわけです。
時間をかけずに作れて卵を大量に使う料理は何か。
ほかの材料のことも考慮して、他人丼を作ることにしました。
卵を半熟状に仕上げるのがこの料理のポイントですが、
１つの大きななべに約50人分のとき卵を流し入れても
決して半熟状にはなりません。
なべを５個も６個も使い、
とき卵をできるだけ広げて流し入れる。
そこでうまくできたんです。
こんな思い出のある他人丼ですが、
少ない人数分ならさっと作れて、
昼ごはんにもおすすめです。

材料（2人分）

豚こまぎれ肉……150g
卵……3個
ねぎ……1/3本
しいたけ……2個
三つ葉……3本
A
だし……大さじ4
みりん……大さじ3
しょうゆ……大さじ2
あたたかいごはん……どんぶり2杯分
刻みのり……適量

作り方

1 ねぎは斜め薄切りにする。しいたけは軸を切り落として薄切りにし、軸は細く裂く。三つ葉は1cm長さに切る。卵は割りほぐす。

2 なべに**A**を入れて中火にかけ、豚肉を入れてさっと煮て、アクをとる。ねぎとしいたけを加えて煮る。しんなりとしたら、とき卵の1/2量を回し入れる。卵が固まってきたら残りのとき卵を加えて半熟状に火を通し、三つ葉を散らす。

3 器にごはんを盛って**2**をかけ、のりをのせる。

卵は2回に分けて
火を通すと、
絶対に失敗しない
とろりとした半熟状に。

なすは5～6分かけて
しっかりいためてくったりさせると、
味がよくなじみます。

火の通りがよく
ボリュームの調整も自在

ひき肉のおかず

辛くない麻《マー》婆《ボー》なす

和食では、
中華料理のような辛い味つけをしないので、
まかないでも豆板醤などの辛い調味料は
使わないことになっています。
ひき肉は火が通りやすいので、
麻婆なすや麻婆豆腐はよく作りましたが、
だしやみそ、砂糖などを使い、辛みのかわりに
粉山椒をピリリときかせるようにしていました。

材料（2人分）

豚ひき肉……200g
なす……3個
ねぎ……1本
しょうが……10g
塩……少々
ごま油……大さじ2
A
　だし……1½カップ
　しょうゆ……大さじ2
　みそ……大さじ1½
　みりん、砂糖……各大さじ1
水どきかたくり粉……大さじ2
粉山椒……適量

作り方

1 なすはへたをとり、六〜八つ割りにして長さを半分に切る。さっと洗い、水けをしっかりきる。

2 ねぎ、しょうがはみじん切りにする。**A**はまぜ合わせる。

3 フライパンにごま油を中火で熱し、ひき肉をほぐしながらいためる。脂が出てきたら、**1**を加えて塩を振り、弱火にして5〜6分いためる。なすがしんなりしたら、ねぎ、しょうがを加えていためる。

4 香りが立ったら、**A**を加えて煮る。煮立ってアクが出たらとり、弱火にして5〜6分煮る。水どきかたくり粉を加えてとろみをつけ、粉山椒を振る。

ハンバーグのオーブン焼きおろしポン酢

まかないがオーブン料理のときは、
焼きたてを天板のまま食卓にドンと出し、
各自で皿にとり分けていきます。
だから、つけ合わせの野菜も一緒に焼いてしまえば、
作るほうもとるほうもラクちんです。
さらに、オーブン調理は焼き始めたら、
ほかの作業をできるから、段取りよく献立を作れます。
オーブン料理はめんどうと思わずに、
どんどん使ってみてください。

材料（4人分）

合いびき肉……400g
玉ねぎ……½個

A
とき卵……½個分
生パン粉……大さじ3
牛乳……大さじ2
塩……小さじ⅔
あらびき黒こしょう……少々

レタス……½個
トマト……2個
塩……少々
大根……200g
細ねぎ……3本

B
レモン汁……大さじ2
しょうゆ……大さじ5
みりん、酢……各大さじ1
砂糖……小さじ1
一味とうがらし……少々

作り方

1 オーブンは230度に予熱する。玉ねぎはみじん切りにする。レタスはざく切りにし、トマトはへたをとって8等分のくし形に切る。

2 大根はすりおろし、ざるに入れて水けをきる。細ねぎは小口切りにする。ボウルにBをまぜ、大根と細ねぎを加えてまぜ合わせる。

3 別のボウルにひき肉、Aを入れ、粘りが出るまでよくねりまぜる。1の玉ねぎを加えてさっとまぜ合わせ、12等分して丸め、少し平たくして中央を少しへこませる。

4 オーブンの天板に1のレタス、トマトを広げてのせ、塩を振る。3を並べ、230度のオーブンで15分ほど焼く。

5 器に盛り、2をかける。

天板にレタスとトマトをのせたところに、成形した肉だねを間隔をあけてのせる。肉が焼けたうまみたっぷりの肉汁も野菜と一緒に食べられる。

一緒に焼いた
野菜がジューシーで
ハンバーグも
ふっくら仕上がります。

スパゲッティ 和風ミートソース

れんこんと里いもの
食感の違いがいい。
だしベースの
やさしい味わいです。

材料（2〜3人分）

合いびき肉……300g
玉ねぎ……½個
にんじん……100g
しいたけ……4個
れんこん……100g
里いも……3個
ホールトマト缶……1缶（400g）
塩……適量

A
だし……¾カップ
しょうゆ……大さじ3
みりん……大さじ2
砂糖……大さじ1

サラダ油……大さじ2
スパゲッティ……200g
バター……10g
粉チーズ……適量

作り方

1 玉ねぎ、にんじん、しいたけはみじん切りにする。

2 れんこん、里いもは1cm角に切る。

3 フライパンにサラダ油を中火で熱し、ひき肉をいためる。脂が出てきたら**1**を加えて塩少々を振り、野菜がしんなりするまでいためる。

4 ホールトマトをつぶして缶汁ごと加え、**2**、**A**を加えて煮る。アクが出たらとり、弱火にして20分ほど煮て、塩で味をととのえる。

5 なべにたっぷりの湯を沸かして塩適量を入れ、スパゲッティを袋の表示どおりにゆでる。湯をきってバターをからめて器に盛り、**4**をかけて粉チーズを振る。

味のベースになる玉ねぎ、にんじん、しいたけはみじん切りにし、食感のよいれんこん、里いもは1cm角に切って使う。

残った野菜を組み合わせて使っていました。

だから、季節によって具が変わります。

ほぼ必ず入れるのは玉ねぎ、にんじん、きのこですが、

春はたけのこ、夏はなす、

秋冬は根菜やいも類などが加わります。

季節によって味や食感が変わるのが楽しく、

こういった作業を通して野菜の旬を覚えました。

肉だんごの甘酢あん

親指と人さし指を使って
肉だねを丸く形づくることを
「丸どり（がんどり）」といいますが、
その練習に肉だんごはよく作りました。
肉だねを揚げると揚げ油が汚れるので、
揚げ場の揚げ油を使ってよい、
店の定休日前日限定のメニューです。

材料（2人分）

豚ひき肉……250g
ねぎ……1/2本
しょうが……20g
ごぼう……60g
かたくり粉……大さじ1

A
みりん、しょうゆ……各大さじ1
塩……少々

揚げ油……適量

B
水、酒、酢……各大さじ4
しょうゆ……大さじ3
トマトケチャップ……大さじ2
砂糖……大さじ1

水どきかたくり粉……大さじ2
細ねぎの小口切り……適量

作り方

1 ねぎ、しょうがはみじん切りにする。ごぼうは皮をこそげ、ささがきにしてからザクッと刻み、さっと洗って、水けをしっかりきる。

2 ボウルにひき肉、**A**を入れ、粘りが出るまでよくねりまぜる。**1**を加え、ざっとまぜ合わせる。

3 フライパンに揚げ油を160度に熱し、**2**を一口大に丸めて落とし入れる。途中で返しながら、火が通るまで3〜4分揚げ、油をきる。

4 小さめのフライパンに**B**を入れてまぜ、中火にかける。煮立ったら弱火にし、水どきかたくり粉を加えてとろみをつける。**3**を加え、さっと煮からめる。

5 器に盛り、細ねぎをのせる。

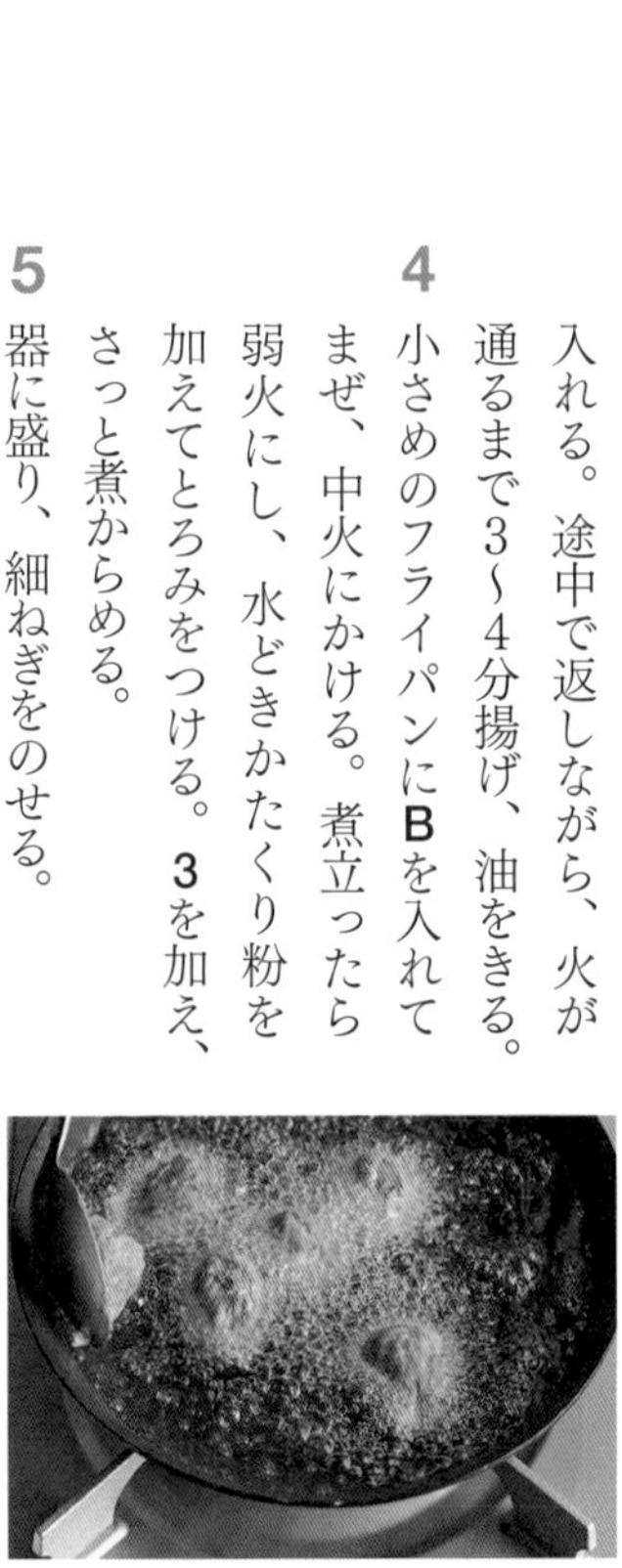
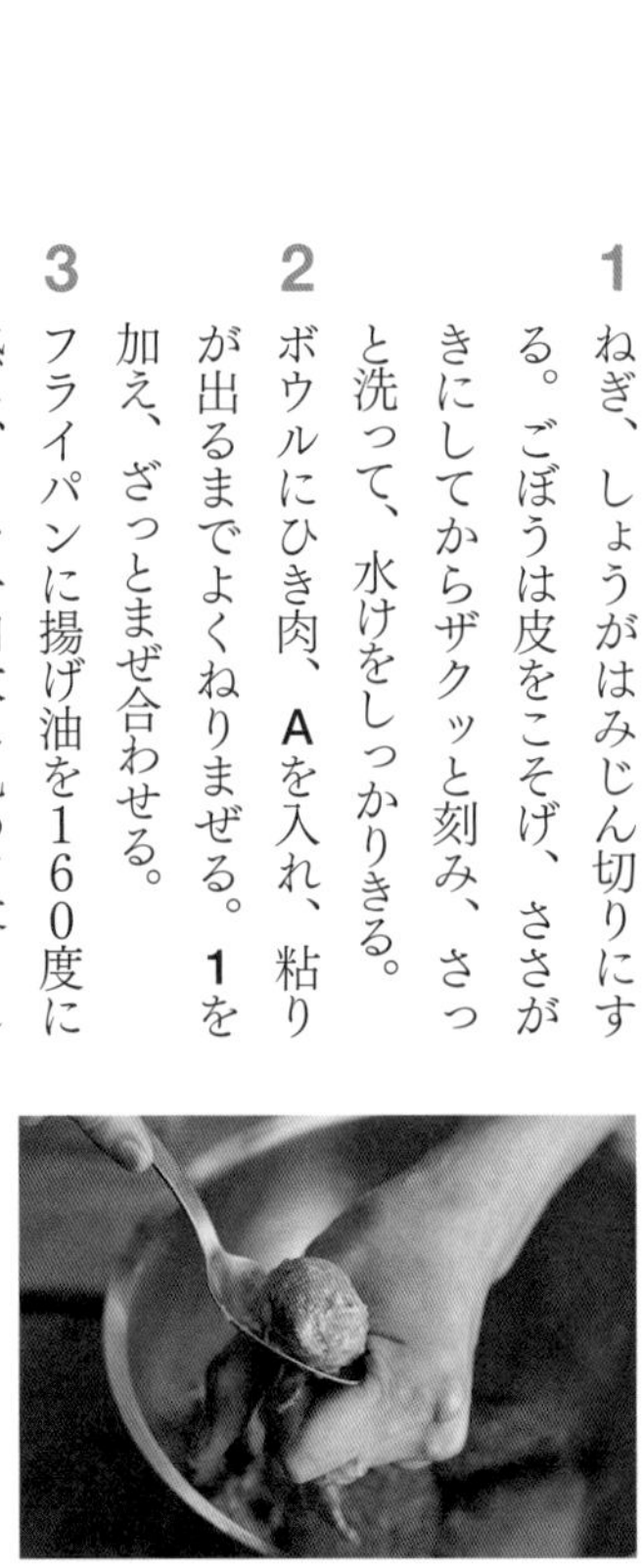

肉だねを手で軽く握って、親指と人さし指で丸い形を作り、ほかの指で肉だねを丸くなるように押し上げ、スプーンですくって油に入れていく。

たっぷりのあんがからんで
満足感があります。
ごはんにのせてもおいしい。

白菜のグラタン
レシピ p.73

骨つきだから、いいだしが出ます
鶏手羽のおかず

ふだんの食材を華やかにする、和食屋が作る洋食献立。

和食屋ですが、まかないは
中華や洋食を作ってもかまいません。
たまには洋風のものが食べたいと思って
トマト煮を作ったときに、
フランスパンが合うぞと張り切って添えたら、
師匠から怒られました。
わざわざ食材を買い足さずとも、
店には白いごはんがあるんだから！と。
懐かしい思い出です。
野菜のグラタンも、残り野菜の消費には有効です。
ベーコンなどの味出し食材を少し加えると
コクが出て、よりおいしくなります。

手羽先のトマト煮
レシピ p.72

材料（2～3人分）
鶏手羽先……8本
玉ねぎ……½個
しめじ……1パック
ホールトマト缶……1缶（400g）
塩……適量
A 酒、みりん、しょうゆ……各大さじ2
A 砂糖……小さじ1
サラダ油……大さじ2
あらびき黒こしょう……少々

作り方
1 玉ねぎはみじん切りにし、しめじは石づきを切ってほぐす。
2 手羽先は塩適量を両面に振る。
3 フライパンにサラダ油を中火で熱し、2を並べ入れる。返しながら焼き、両面に焼き色がついたらとり出す。
4 同じフライパンに1を入れて塩少々を振り、弱火にしていためる。しんなりしたら、ホールトマトを手でつぶしながら缶汁ごと加え、水1カップ、Aを加えてさっと煮る。3を戻し入れ、落としぶたをして15分ほど煮て、黒こしょうを振る。

手羽先のトマト煮

手羽先に切り目を入れる
手間もありません。
焼きつけて15分煮るだけで
ホロッとやわらかい。

白菜のグラタン

表面は少し焦がして香ばしく。
中はとってもクリーミーで
まったりと。

材料（作りやすい分量）

白菜……1/6個
えのきだけ……1袋
玉ねぎ……1/2個
ベーコン……4枚
塩、こしょう……各適量

A
牛乳……1 1/2カップ
だし……1カップ
みりん、薄口しょうゆ
……各大さじ2

水どきかたくり粉……大さじ3
バター……20g
ピザ用チーズ……100g
パン粉……大さじ1

作り方

1 白菜はざく切りにし、えのきだけは根元を切り落とし、長さを半分に切ってほぐす。玉ねぎは薄切りにする。

2 ベーコンは1㎝幅に切る。**A**はまぜ合わせる。

3 フライパンにバターを入れて弱火にかけ、ベーコンをいためる。ほぐれたら**1**、塩、こしょう各少々を加えて中火にし、いためる。

4 野菜がしんなりしたら**A**を加えて煮て、煮立つ直前で弱火にして落としぶたをし、10分ほど煮る。オーブンを200度に予熱する。野菜がくたっとしたら、水どきかたくり粉を加えてとろみをつけ、塩、こしょうで味をととのえる。

5 耐熱皿に入れてピザ用チーズを散らし、200度のオーブンで5分ほど焼く。とり出してパン粉を散らし、さらに2〜3分焼く。

多めの水どきかたくり粉を加えてとろみをつけると、ホワイトソースのような仕上がりになる。

手羽元としらたきの甘辛煮

鶏手羽は手間をかけずにシンプルに煮るだけで
うまみたっぷりな味わいになり、
骨つきで見ばえもよいのでよく使いました。
ここで、やわらかく煮上げるポイントをひとつ。
みりんは肉の身を締める働きがあり、
砂糖は肉の繊維を壊す効果があるので、
煮汁には砂糖を使っています。コクも加わりますね。

材料（2〜3人分）
鶏手羽元……8本
しらたき……2玉
絹さや……6〜8枚
実山椒の水煮……大さじ½
A
だし……2カップ
酒……½カップ
砂糖、しょうゆ……各大さじ3
サラダ油……大さじ2
作り方
1 なべにしらたきと水を入れて中火にかけ、沸騰してから5分ほどゆでて湯をきり、ざく切りにする。
2 絹さやは筋をとる。
3 フライパンにサラダ油を中火で熱し、手羽元を並べ入れる。返しながら焼き、全体に焼き色がついたらとり出す。
4 同じフライパンに**1**を入れ、ちりちりになるまでいためる。**3**を戻し入れ、**A**を加えて煮る。煮立ったらアクをとり、弱火にして実山椒を加え、落としぶたをして20分ほど煮る。絹さやを加え、煮汁がとろっとするまでさらに3〜4分煮る。

手羽元に含まれる
コラーゲンで
煮汁にとろみがついて
味がよくからみます。

食べやすいから、臆せず すみずみまで使って 魚介のおかず

残り野菜の
ミネストローネ風
→レシピ p.79

もやし、水菜、残り野菜を 洒落たふうに見せる技。

店でサーモンのみそ漬けを作って
販売していたのですが、その材料のサーモンが
余ってしまうことがたまにありました。
切り身を1切れの形のまま使うには、
上下を返したりする手間がなくてすむ
オーブン調理がてっとり早い。
つけ合わせの野菜を敷いてサーモンをのせ、
一度焼いてさらにソースをかけて焼く。
レモンの輪切りで一気に洒落た印象です。
合わせるスープはミネストローネ風に。
残った野菜をたくさん使えるので、よく作りました。
だしベースだから、しょうゆとみりんのかわりに
みそをとき入れるとみそ汁になります。
主菜に合わせて調味して。

サーモンのマヨネーズ焼き

→ レシピ p.78

サーモンのマヨネーズ焼き

材料（4人分）

サーモン……4切れ
もやし……1袋
ねぎ……1本
水菜……1束
ごま油……大さじ2
レモン……1個
塩、あらびき黒こしょう
……各適量

A

しょうがのすりおろし
……小さじ1
牛乳……大さじ1
マヨネーズ……大さじ4
みりん、薄口しょうゆ
……各大さじ1

作り方

1 オーブンは230度に予熱する。サーモンは両面に塩、黒こしょうを振る。

2 もやしはさっと洗って水けをしっかりきる。ねぎは斜め薄切り、水菜は5㎝長さに切る。ボウルにすべて入れ、ごま油を加えてまぜる。

3 レモンは薄い輪切りにする。**A**はまぜ合わせる。

4 天板に**2**を敷いてサーモンを並べる。230度のオーブンで7～8分焼く。とり出してサーモンに**A**をかけてレモンを散らし、再びオーブンで5～6分焼く。

7～8分焼いてから、いったんとり出してマヨネーズベースのソースをかけ、再び焼く。

まろやかなソースをかけて
サーモンはしっとり。
レモンのさわやかな風味も漂います。

野菜の甘みがしっかり引き出された
具だくさんスープ。
和の味つけでも洋風な感覚で楽しめます。

残り野菜のミネストローネ風

材料（作りやすい分量）

じゃがいも……1個
にんじん……100g
大根……100g
玉ねぎ……½個
キャベツ……⅙個
しいたけ……2個
トマト……1個
塩、あらびき黒こしょう……各適量
A だし……4カップ
　みりん、しょうゆ……各大さじ1
サラダ油……大さじ2

作り方

1 じゃがいも、にんじん、大根、玉ねぎは1㎝角に切る。

2 キャベツはあらみじんに切り、しいたけは軸を切り落として1㎝角に切り、軸は細く裂く。

3 トマトはへたをとってざく切りにする。

4 なべにサラダ油を中火で熱し、1、2を入れて塩少々を振り、じっくりいためる。野菜がしんなりして少し水分が出てきたら、3を加えてさっといためる。

5 Aを加えて煮て、ひと煮立ちしたらアクをとり、弱火にして15分ほど煮る。水が減ってきたら水を足す。塩で味をととのえ、器に盛り、黒こしょうを振る。

具は1㎝角程度に大きさをそろえて切る。野菜はなす、パプリカ、かぼちゃ、里いもなどでもよい。

鯛のあら炊き

ゆでて冷水にとり、
しっかりきれいにすると、
すっきりとした味わいに。
濃いめの煮汁も
からみやすいです。

材料（2人分）

鯛の頭（かぶと）……1尾分
ごぼう……100g
しょうが……20g
A 水、酒……各1カップ
　みりん……½カップ
しょうゆ……½カップ
砂糖……大さじ2

作り方

1 ごぼうは皮をこそげて5㎝長さの細切りにし、さっと洗う。しょうがは針しょうがにし、さっと洗う。

2 鯛の頭はうろこや血などをとって洗い、半分に切ってさらに一口大に切る。

3 なべに湯を沸かして**2**をさっとくぐらせ、冷水にとる。残ったうろこや血のかたまりなどをきれいにとり除き、しっかり水けをふく。

4 なべに**A**、**1**のごぼう、**3**を入れて中火にかける。煮立ったらアクをとり、弱火にしてアクを除きながら5～6分煮る。しょうゆ、砂糖を加えて中火にし、アルミホイルをかぶせて落としぶたにし、ぶくぶく泡立つ状態にして10分ほど煮る。

5 煮汁がとろっとしたら火を止める。器に盛り、**1**のしょうがを添え、あれば木の芽をのせる。

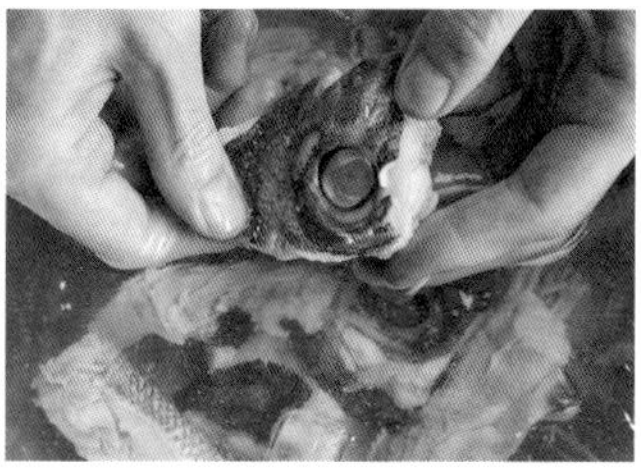

さっとゆでて冷水にとると、うろこなどがとれやすくなっているので、指先でやさしくこすってとり除く。

ふだんは、あいなめの頭（かぶと）など
お客さまにはお出ししないものを
まかないでは使っていました。
たまに鯛のかぶとが回ってくるのですが、
めったにないことだったのでテンションが上がり、
煮方の大将に、作り方の要所を聞きに行った覚えがあります。
鯛のかぶとはスーパーでは案外お手ごろなものなので、
家庭でも作ってみてください。

鮭とじゃがいもの組み合わせには、みそとバターで。
まろやかさにこしょうをきりりときかせてどうぞ。

鮭あらの石狩汁風

材料（4人分）

鮭のあら……½尾分
じゃがいも……2個
こんにゃく……100g
細ねぎ……3本
塩……少々

A
こぶ（だし用）……3g
水……4カップ
酒……¼カップ

B
みそ……大さじ3
みりん……大さじ2
しょうゆ……大さじ1
バター……10g
あらびき黒こしょう……少々

作り方

1 鮭のあらはうろこをとり、一口大に切って塩を振り、15分ほどおく。

2 じゃがいもは一口大に切り、さっと洗う。こんにゃくは1㎝厚さの一口大に切り、なべに水とともに入れて中火にかけ、沸騰してから5分ほどゆで、湯をきる。細ねぎは小口切りにする。

3 なべに湯を沸かして**1**をさっとくぐらせ、冷水にとる。汚れを除き、水けをしっかりふく。

4 なべに**A**と**3**を入れて中火にかけ、煮立ったらアクをとり、弱火にして10分ほど煮る。こぶをとり出し、じゃがいも、こんにゃくを加え、弱火のままじゃがいもに火が通るまで5～6分煮る。水分が減ったら水を足し、**B**を加えてさっとまぜる。

5 器に盛ってバター、細ねぎをのせ、黒こしょうを振る。

自宅に常備しているもの

［食品庫編］

食品庫に
ストックしておくものは、
賞味期限が長いものが
多いですが、焼きのりや
干ししいたけなどは
湿気を吸いやすいので、
乾燥剤を入れてなるべく早く
使うとおいしく食べられます。

ツナ缶・ほたて缶

ツナのオイルづけ缶はうまみが強く、調味料とまぜて食べるドレッシングという感覚で使います。ほたて缶の缶汁はだしになるので、残さず活用します。どちらも加えることで味が決まりやすいのが利点ですね。

干ししいたけ

野菜だと思って使っています。時間をかけてもどし、煮物に使うとふっくらとジューシーで濃厚なうまみを味わえます。家にいる時間が長いからこそ、使ってほしい食材です。

焼きのり

どんぶりのごはん物や麺類のトッピングに欠かせません。おにぎりにも巻きますし、磯の香りがお酒によく合うのでそのままつまみにすることもありますよ。

塩こぶ

うまみのある塩けがいい仕事をしてくれます。野菜のあえ物に加えると、これだけで味が決まることも。さらに油を合わせると、味に深みが出てもっとおいしくなります。

第3章

夜でも、朝昼兼用でも。忙しい日に頼れるは、皆が好きな炭水化物

家にいる時間が増えると、朝昼晩の3食を作らなければいけないことがちょくちょくありました。そのたびに主菜、副菜、汁物など献立を作っていてはたいへんなので、**それ1品で大満足できる具だくさんの麺やごはんもの**が頼みとなってきます。

私は麺（なかでもそば）が好きなのではやりの麺料理を再現してみたり、冷蔵庫に残りがちな材料を組み合わせてみたりして、さまざまな味わいを気楽に作って楽しみます。どれも**ボリュームがあるから、朝昼兼用にもなるし、晩ごはんにもおすすめ**です。家計にうれしい一皿もあります。

ラー油肉そば

金沢に賛否両論の支店を出店して以来、
北陸新幹線に乗ることが多くなり、
東京駅で立ち食いそば店に立ち寄ることも頻繁に
(立ち食いそばが好きなので、いろいろなところで食べます)。
ここ数年、肉そばは人気ですし、おいしいので気に入っています。
豚肉のお店が多いですが、私は牛肉派。
コクのある味わいに卵とラー油がからんで、
ずずっといけますね。

材料(2人分)

そば……2束(120g×2)
牛切り落とし肉……200g
卵……2個
しょうがのすりおろし……10g
A 酒、みりん、しょうゆ、砂糖……各大さじ3
　だし……2カップ
B みりん、しょうゆ……各大さじ5
　砂糖……大さじ1½
ラー油……大さじ1
ねぎ……1本
刻みのり……適量
いり白ごま……大さじ1

作り方

1 なべに**B**を入れて強火にかけ、煮立ったらラー油を加えてさっとまぜ、火を止める。ボウルに移し、冷蔵室で1時間ほど冷やす。
2 ねぎは斜め薄切りにして水にさらし、水けをきる。
3 なべに**A**、しょうがを入れてまぜ、牛肉を加えて中火にかける。煮立ったらアクをとって5分ほど煮て、火を止める。あら熱がとれるまで冷ます。
4 そばは袋の表示どおりにゆでて湯をきり、冷水で締めて水けをきる。
5 器に**4**を盛り、**3**、**2**、ごま、のりをのせる。別の器に**1**を盛り、卵を割り入れて添える。

甘めに味つけした牛肉に、
辛みのきいたつけ汁が
好相性です。

笠原風パッタイ

もっちりとした麺の
食感がたまらない。
甘ずっぱい味つけが
あとを引きます。

材料（2人分）

フォー（米麺）

……2玉（60g×2）

えび……6尾

卵……2個

厚揚げ……⅓枚

赤玉ねぎ……½個

にら……2本

もやし……80g

いぶりがっこ……20g

桜えび……10g

梅干し（はちみつ入り）……2個

A

酒……大さじ2

ナンプラー……大さじ1½

きび砂糖……大さじ1

塩、こしょう……各少々

サラダ油……大さじ2

ピーナッツのみじん切り……20g

ライムの半月切り……¼個分

作り方

1 赤玉ねぎは薄切りにし、にらは5㎝長さ、いぶりがっこは5㎜角、厚揚げは2㎝角に切る。えびは殻と背わたをとり、3等分に切る。卵は割りほぐす。

2 ボウルにAの材料をまぜる。梅干しは種を除いて包丁でたたき、Aに加えてまぜる。

3 なべに湯を沸かし、フォーを入れて火を止め、袋の表示どおりにもどす。湯をしっかりきる。

4 フライパンにサラダ油を弱火で熱し、赤玉ねぎをいためる。しんなりとしたら強火にし、とき卵を一気に加え、かきまぜて半熟状にする。3を加えてさっといため、2、えびを加え、さらにいため合わせる。

5 いぶりがっこ、厚揚げ、桜えび、にら、もやしを加えてさっといため合わせ、塩、こしょうで味をととのえる。器に盛り、ピーナッツを散らしてライムを添える。

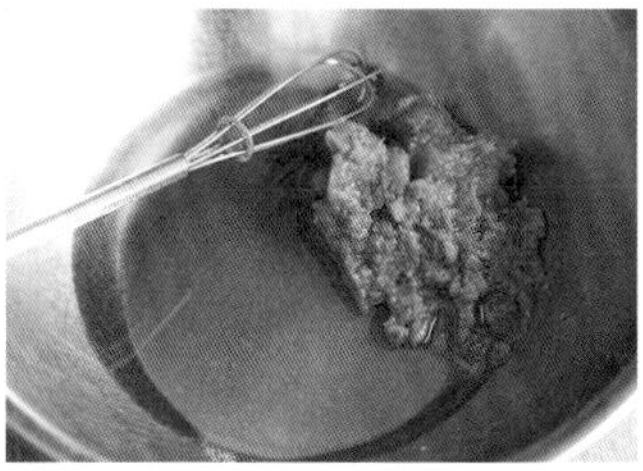

はちみつ入りの梅干しをたたいてナンプラーなどとまぜ、本場の味に近づける。

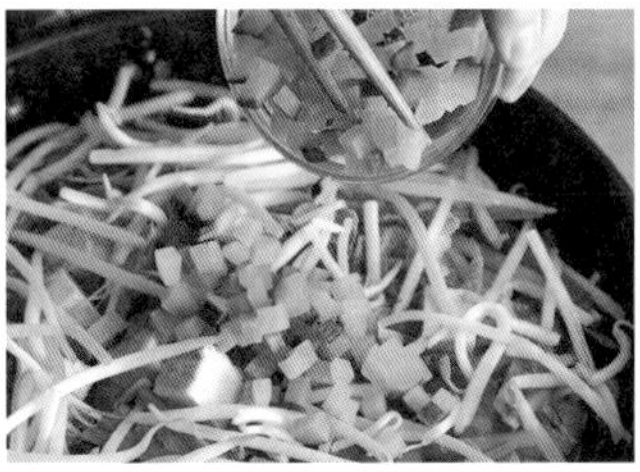

干し大根を燻煙したいぶりがっこは、とても香りがよく、歯ごたえがある。こまかく切って加え、味わいに変化をつける。

娘たちがタイ料理が好きなので、

よくリクエストされるんです。

本場では、タマリンドという果実のペーストを

調味料に使って甘ずっぱく仕上げますが、

はちみつ入りの梅干しを使うとその味に近くなります。

あと、味と食感のアクセントに、

５㎜角に切ったいぶりがっこを加えるのが私流です。

豆板醤の辛みがきいた肉みそに
たっぷりのにらとねぎで
パンチがあります。

台湾風焼きうどん

材料（2人分）

うどん……2玉
豚ひき肉……200g
にら……½束
ねぎ……½本
にんにく……2かけ
赤とうがらし……2本
塩、こしょう……各少々
豆板醤……大さじ1
A
酒……大さじ2
オイスターソース……大さじ1
しょうゆ……大さじ½
砂糖……小さじ1
ごま油……大さじ2

作り方

1 にんにくはみじん切りにし、赤とうがらしは種を除いてみじん切りにする。にらは5㎝長さに切り、ねぎは斜め薄切りにする。**A**はまぜ合わせる。うどんは水少々を振ってほぐす。

2 フライパンにごま油を弱火で熱してにんにく、赤とうがらしをいため、香りが立ったらひき肉、塩、こしょうを加え、ひき肉がほぐれるまでいためる。豆板醤を加えていため、香りが立ったら**A**を加えてさらにいため合わせる。

3 うどん、にら、ねぎを順に加え、そのつどさっといため合わせる。

和風味のいつものチャーハンも
レタスで包むだけで
楽しく、さらにおいしい。

ひき肉チャーハン レタス包み

材料(2人分)
あたたかいごはん……400g
豚ひき肉……150g
卵……1個
ちくわ……1本
ねぎ……1/2本
削りがつお……5g
A みりん、しょうゆ……各大さじ1
　塩、あらびき黒こしょう……各少々
サラダ油……大さじ2
レタス……1/2個

作り方
1 レタスは1枚ずつはがし、水につけてシャキッとさせ、水けをきって冷蔵室で冷やす。
2 ねぎはみじん切りにし、ちくわはあらみじんに切る。卵は割りほぐす。
3 フライパンにサラダ油を中火で熱してひき肉を入れ、焼き色がついて脂が出るまでじっくりいためる。
4 削りがつおを加えてさっとまぜ、とき卵を加えてざっといため、半熟状にする。ごはんを加えてほぐれるまでいため合わせる。ねぎ、ちくわを加えていため合わせ、**A**を加えてさっとまぜ、器に盛る。別の器に**1**を盛り、添える。

かつおの手こねずし

脂ののったかつおを
づけにして
薬味野菜を合わせて
さっぱりと食べて。

家庭でちらしずしを作るなら、
お手ごろなかつおを使うのがおすすめです。
残ったほかの刺し身でもかまいません。
すし飯にはしょうが汁をたっぷり加えて
清涼感のあるすっきりとした味わいに仕上げます。
こうするとお手ごろな刺し身でも、
お店で食べるようなワンランク上の一皿になります。

材料（4人分）

あつあつのごはん……800g

A
酢……大さじ5
砂糖……大さじ2
塩……小さじ2

かつお（刺し身用）
……1さく（300g）

B
しょうゆ……大さじ3
砂糖……大さじ1½
ねりがらし……小さじ2

玉ねぎ……½個
青じそ……5枚
しょうがのすりおろし……20g
いり白ごま……大さじ1
塩……少々

作り方

1 玉ねぎはみじん切りにし、塩を振って5分ほどおき、水にさっとさらす。ガーゼなどで包んでしっかり水けをしぼる。青じそはせん切りにする。

2 ボウルにBをまぜ合わせる。かつおは一口大に切り、Bに加えてまぜ、5分ほどおく。

3 Aはまぜ合わせる。大きめのボウルにあつあつのごはんを入れ、Aを回し入れてしゃもじで切るようにしてまぜる。しょうがをガーゼなどで包んで汁だけをしぼって回し入れ、さらにまぜ合わせる。

4 器に盛り、2を汁けをきって盛りつけ、玉ねぎ、ごま、青じそを散らす。

かつおはねりがらしを加えた調味液をからめる。ねりがらしがかつおのくさみ消しになる。

すし飯に、おろしたしょうがをそのまま加えると食感がよくないので、しぼって汁だけを加える。

もやし丼

とろみをつければ、
具が少なめでも
食べごたえじゅうぶん。
オイスターソースのコクで
ごはんが進みます。

材料（2人分）
あたたかいごはん……400g
豚バラ薄切り肉……100g
もやし……200g
しいたけ……2個
塩、こしょう……各少々

A
湯……1½カップ
鶏ガラスープのもと……小さじ2
オイスターソース、みりん、
しょうゆ……各大さじ1

水どきかたくり粉……大さじ2
サラダ油……大さじ1

作り方

1 もやしはひげ根をとり、さっと洗って水けをきる。

2 しいたけは薄切りにし、豚肉は1㎝幅に切る。**A**はまぜ合わせる。

3 フライパンにサラダ油を中火で熱し、しいたけと豚肉をいためる。豚肉に火が通ったら**1**、塩、こしょうを加えてさっといため合わせる。**A**を加えてまぜ、煮立ったら水どきかたくり粉を加えてとろみをつける。

4 器にごはんを盛って**3**をかける。

かぼちゃのキーマカレー

かぼちゃが煮くずれて
ルウのようになります。
少し甘めで
ほくほく食感も心地よい。

材料（2人分）
あたたかいごはん……400g
合いびき肉……200g
かぼちゃ……1/4個
玉ねぎ……1/2個
セロリ……100g
にんにく……1かけ
塩……適量
カレー粉……大さじ1 1/2

A
トマトジュース、水
……各1カップ
酒……大さじ3

B
みりん、しょうゆ、
ウスターソース
……各大さじ1

サラダ油……大さじ1
らっきょう……適量

作り方
1 かぼちゃは種とわたをとり、3cm角に切る。玉ねぎ、セロリ、にんにくはみじん切りにする。
2 フライパンにサラダ油を中火で熱し、ひき肉、塩少々、カレー粉をいためる。ひき肉がほぐれて脂が出たら、1を加えてさっといためる。
3 Aを加えてふたをし、弱火にして20分ほど煮る。Bを加えてまぜ、さらに2～3分煮て、塩で味をととのえる。
4 器にごはんを盛って3をかけ、らっきょうを添える。好みで粉チーズをかける。

福神漬けサンド

福神漬けの甘みに
卵とマヨネーズがよく合うんです。
行きつけのバーで食べた思い出の味。

材料（2人分）

食パン（8枚切り）……4枚
卵……1個
細ねぎ……3本
福神漬け……60g
A マヨネーズ……大さじ4
　ねりがらし……小さじ½
　あらびき黒こしょう……少々
バター……適量

作り方

1 卵はゆでて殻をむき、あらみじんに切る。
2 細ねぎは小口切りにし、福神漬けは汁けをきってあらみじんに切る。
3 ボウルに1、2、Aを入れてまぜ合わせる。
4 食パンはトーストしてバターを片面に塗り、3をはさむ。食べやすい大きさに切り分ける。

自宅に常備しているもの

［野菜編］

この4つの野菜は、いため物、煮物、サラダやあえ物、汁物、つけ合わせにと、わが家の食卓に頻繁に登場します。

ミニトマト

何もせずにそのままつけ合わせにできるのでとても便利。トマトだと1個を使い切りたいですが、ミニトマトだと量の調節がしやすいのもいいですね。お弁当の彩りにもなります。

玉ねぎ

加熱すると甘みとうまみが増すので、いろいろな料理の味のベースとして欠かせません。また、生でも薄切りをサラダにまぜたり、刻んで食べるドレッシングなどにしたりと楽しみます。

じゃがいも

ほかの野菜を入れなくても家族に人気のポテトサラダが作れるため、とにかくあれば安心、ないと落ち着きません。ゆでて明太子あえに、せん切りのいため物に。炊き込みごはんの具にもします。

キャベツ

いため物や煮物、焼きそば、せん切りにしてつけ合わせに、ちぎってみそをつけてつまみになど幅広く使います。1個をまるごと買っておいてもすぐになくなってしまいます。

第4章

具材2〜3種と小なべがあれば、ごちそう風

本を読むのが好きで、好きな作家の一人に池波正太郎先生がいます。食通としても知られる池波先生ですが、時代小説の『剣客商売』や『鬼平犯科帳』でも食のシーンを多く描かれ、先生自身の日々の食にまつわるエッセイをまとめた『食卓の情景』では、私が興味をいだく食の話をたくさん語られています。

池波先生が描く世界に憧れて、それをまねて食べることもよくあるのです。なかでも、小なべ料理はよく登場しますが、本来は**「小なべ立て」といい、憧れの食のシーンのひとつ。1人分の小さな土なべで具は2〜3種。日本酒をお椀や茶碗に入れ、つゆをあてにして、ちびちびとやるのが粋なのです。**

今回は家族で楽しめるように材料は多めにしていますが、材料を半分にして1人で楽しむのもおつなものです。

あさり大根なべ

材料（2人分）

あさり……200g
大根……300g
三つ葉……5本
A こぶ（だし用）……3g
　水……2カップ
　酒……¼カップ
B 薄口しょうゆ……大さじ1½
　塩……少々
あらびき黒こしょう……少々

作り方

1 あさりは砂出しをし、殻と殻をこすり合わせながら洗う。

2 大根は5㎝長さの細切りにする。三つ葉は5㎝長さに切る。

3 小なべにあさり、**A**を入れて中火にかけ、煮立ってあさりの口があいたらアクを除く。弱火にして**B**を加え、**2**を加えてさっと煮てとり分け、黒こしょうを振る。

シメを食べるなら

器にあたたかいごはんを盛り、
具とともに煮汁をかけて
あらびき黒こしょうを振り、
汁かけごはんに。
和のだしにこしょうを
キリリときかせるのが
好きなんです。

あさりから出る天然の塩けとうまみで
大根がとびきりのごちそうになる。
なんでもないような日常的な食材で
しみじみ旨いものが作れたときは
料理ができて幸せだなあ、と感じる。
言いすぎではない。

春の出会いものの、
鯛のあらとかぶを一緒に煮る
京料理の「鯛かぶら」をヒントに。
上品な味わいです。

鯛かぶらしゃぶしゃぶ仕立て

材料（2人分）

鯛（刺し身用）……1さく（約150g）
かぶ……3個
大根……100g
細ねぎ……3本

A
だし……2カップ
みりん、薄口しょうゆ……各大さじ1
塩……少々

B
みりん、酢、しょうゆ……各大さじ2
一味とうがらし……少々

作り方

1 かぶは根は薄切り、茎は5cm長さに切る。なべに湯を沸かし、茎をさっとゆでて水にとり、しっかり水けをしぼる（茎はシメのおじや風用にとりおく）。

2 大根はすりおろし、ざるに入れて水けをきり、細ねぎは小口切りにし、ともにボウルに入れる。**B**を加えてまぜ合わせ、器に盛る。

3 鯛は皮つきのまま一口大のそぎ切りにする。

4 小なべに**A**を入れて中火にかけ、煮立ったらかぶの根を入れてさっと煮る。**3**を1切れずつ入れてさっと火を通し、**2**につけて食べる。

鯛は皮を下にして置き、包丁を少し斜めにして薄いそぎ切りにする。

シメを食べるなら

なべの残りにあたたかいごはんを加えてまぜ、とりおいたかぶの茎を散らす。とき卵1個分を加えてさっとまぜ、おじや風に。

鶏とうふなべ

このなべも池波先生のエッセイから
ヒントを得ています。
ねぎではなくせりを使われることが多かったようですが、
ねぎなら季節を問わず出回っていて香りもよいので、
使い勝手がよいですね。
煮汁は鶏肉のうまみがたっぷりで、
こんなにシンプルなのにぜいたくな気分になれます。

材料（2人分）

鶏もも肉……小1枚（200g）
木綿どうふ……1丁
ねぎ……1本
A だし……2カップ
みりん、薄口しょうゆ……各大さじ1
塩……少々

作り方

1 ねぎは1㎝厚さの斜め切りにする。とうふはキッチンペーパーで水けをふいてから8等分に切る。
2 鶏肉は一口大に切る。
3 小なべに**A**を入れて中火にかけ、鶏肉を入れて煮る。ひと煮立ちしたらアクを除き、弱火にしてとうふ、ねぎを加える。煮えたら汁ごととり分け、好みで七味とうがらしを振る。

鶏肉、とうふ、ねぎはそれぞれ大きさをそろえて切ると、なべの煮上がりが美しくなる。小なべ立ては見た目のかっこよさも大事。

鶏肉、とうふ、ねぎ。
なじみ深い食材で
ここまで旨くなるのは、
３つの絶妙なバランスにあり。

ねぎまなべ

江戸時代には、保存に向かないと捨てられていたトロを
無駄にしないために考え出されたんだそう。
赤身でじゅうぶん旨いのですが、
トロでやったらそれはそれは極上の味に。
まあ、高くつくのでめったにやれません。

材料(2人分)

まぐろ(刺し身用)……1さく(約150g)
ねぎ……2本
A だし……2カップ
みりん、しょうゆ……各大さじ1½

作り方

1 ねぎは白い部分は両面に斜めにこまかく切り目を入れ、3㎝長さに切る。青い部分は斜め薄切りにする。

2 まぐろは一口大のそぎ切りにする。

3 小なべに**A**を入れて中火にかけ、ねぎの白い部分を入れて煮立ったら、弱火にして4〜5分煮る。**2**、ねぎの青い部分を加えてさっと煮てとり分ける。好みでねりがらしをつける。

梅豚レタスなべ

火の通りの早い具材で
ササッとできる。

梅干しの酸味でさっぱりと食べられるから、
夏にもおすすめのなべです。
レタスはさっと煮にして歯ざわりよく食べて。
豚バラ肉のうまみがにじみ出た煮汁もおいしいから、
シメはかためにゆでたそうめんを入れてにゅうめんに。

材料（2人分）

豚バラ肉（しゃぶしゃぶ用）……200g
レタス……½個
梅干し（塩分10％程度）……2個
A
だし……2カップ
酒、みりん、薄口しょうゆ……各大さじ1

作り方

1 レタスはざく切りにする。
2 豚肉は食べやすい長さに切る。
3 小なべに**A**と梅干しを入れて中火にかけ、煮立ったら豚肉を加える。ほぐしながら煮てアクを除き、弱火にして2～3分煮る。**1**を加えてさっと煮てとり分け、好みであらびき黒こしょうを振る。

吸い物より少し濃いめの煮汁に
豚バラの甘い脂がにじみ出て、
お酒も進む味わいです。

豚バラ水菜ハリハリなべ

材料（2人分）

豚バラ肉（しゃぶしゃぶ用）……200g
水菜……½束
A　だし……2カップ
　　みりん、薄口しょうゆ……各大さじ1
塩……少々

作り方

1 水菜は水に放してシャキッとさせ、水けをきって5㎝長さに切る。
2 豚肉は食べやすい大きさに切る。
3 小なべにAを入れて中火にかけ、煮立ったら2、1を入れてさっと煮てとり分ける。好みでゆずこしょうをつける。

シメを食べるなら

切りもちを焼き、
小なべに加えて
さっと煮て雑煮風に。
焦げた部分に
うまみたっぷりの
だしがしみて、旨い。

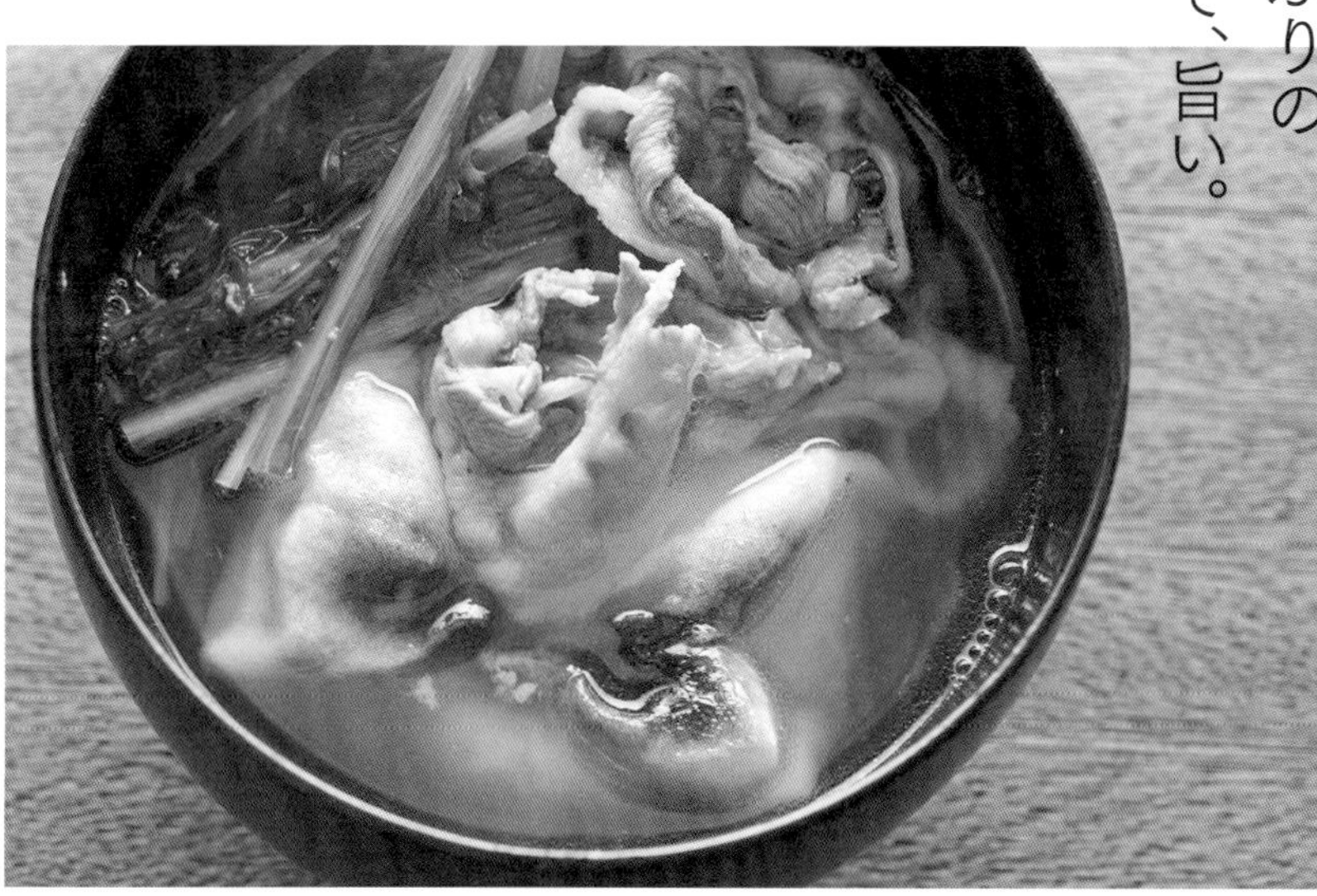

鶏だんごとしいたけのなべ

きのこの中でも、しいたけが好きなので、
たっぷり使いました。
鶏肉ときのこの2つのうまみのかけ合わせは
もちろんおいしいですが、
丸い肉だんごにコロコロとしたしいたけ……。
愛嬌のある見た目にも、
食卓が盛り上がりますね。

材料（2人分）

鶏ひき肉……150g
ねぎ……¼本
しょうが……10g
A　かたくり粉……大さじ1
　　みりん……小さじ1
　　塩……小さじ½
しいたけ……6個
B　こぶ（だし用）……3g
　　水……2カップ
C　酒……¼カップ
　　みりん、しょうゆ……各大さじ1½
ごま油……小さじ1

作り方

1 ねぎ、しょうがはみじん切りにする。
2 ボウルにひき肉、Aを入れて粘りが出るまでよくねりまぜ、1を加えてさっとまぜ合わせる。
3 しいたけは石づきを切り落とし、半分に切る。
4 小なべにBを入れて中火にかけ、煮立ったら2をスプーン2本でだんご状に丸めてなべに入れる。弱火にして肉だんごに火が通るまで煮て、アクが出たら除く。C、3を加えてさっと煮て、ごま油を回しかけ、とり分ける。好みで七味とうがらしを振ってすだちをしぼり入れる。

やさしい甘辛味で
ほっとする味わい。
すだちをしぼった
味の変化も楽しんで。

第5章

以前は、店の営業が終わると行きつけの居酒屋やバーに寄って、好きなつまみを食べながら一杯やってリラックスしてから帰宅するのが日常でした。でも、それができなくなってからは**家で飲むのがあたりまえになり、それが楽しみに変わりました。**1日の気持ちのシメになるように、自分のために自分が食べたいつまみを作ります。**台所でごそごそやっていると娘や息子がリビングに集まってきて、いつの間にかみんなで晩酌タイムに。**それが遅めの家族のごはんになることもあるので、ちょっと多めに作ります。余ったら弁当のおかずにも回しますよ。

つまみでもあり、シメでもある。家にあるものを使って1日の終わりに食べるもの

あんにちりばめられた明太子はほんのり辛く、
とうふによくからんで舌ざわりが楽しい。

明太あんかけどうふ

材料（2人分）

からし明太子……1腹
木綿どうふ……1丁
ねぎ……1/4本
しょうがのすりおろし……少々
水どきかたくり粉……大さじ2
A だし……2カップ
　みりん、薄口しょうゆ……各大さじ1

作り方

1 ねぎは小口切りにし、さっと洗って水けをきる。からし明太子は薄皮を切って除き、ほぐす。とうふは8等分に切ってキッチンペーパーで水けをふく。

2 なべにAを入れて中火にかけ、煮立ったら水どきかたくり粉を加えてとろみをつける。とうふを加えて弱火にし、とうふがあたたまるまで煮る。からし明太子を加えてやさしくまぜ合わせる。

3 器に盛り、ねぎとしょうがをのせる。

にんにくブロッコリー

材料（2〜3人分）
ブロッコリー……1個
にんにく……1個
赤とうがらし……2本
A 酒……大さじ2
しょうゆ……小さじ1
塩……少々
あらびき黒こしょう……少々
サラダ油……大さじ2

作り方
1 ブロッコリーは小房に分け、茎は皮をむいて薄切りにする。
2 にんにくは皮つきのまま1かけずつに分ける。赤とうがらしは種を除く。
3 フライパンにサラダ油、2を入れて弱火にかけていためる。にんにくが少し色づいて香りが立ってきたら、中火にして1を加え、少し歯ごたえが残るくらいまで3分ほどいためる。Aを加えてさっといため合わせる。
4 器に盛り、黒こしょうを振る。

にんにくを1かけのまま
いためてホクホクに。
とうがらしの辛みもきいて、
ビールによく合います。

みそや砂糖でコクを加え、
じゃがいもに味をしみ込ませて。
実山椒のしびれる辛さが
アクセントに。

麻婆《マーボー》じゃがいも

材料（2人分）

豚ひき肉……150g
じゃがいも（メークイン）……2個
ねぎ……½本
にんにく……1かけ
豆板醤……大さじ1
だし……1½カップ
A 砂糖、みそ……各大さじ1½
　みりん、しょうゆ……各大さじ1
水どきかたくり粉……大さじ2
ごま油……大さじ1
実山椒のつくだ煮……小さじ1

作り方

1 ねぎ、にんにくはみじん切りにする。

2 じゃがいもは2㎝角に切り、さっと洗う。

3 フライパンにごま油を中火で熱し、ひき肉を脂が出るまでじっくりいためる。**2**を加えて油がなじむまでさらにいため合わせ、**1**、豆板醤を加えていためる。

4 香りが立ったら**A**を加えて煮て、煮立ったらアクを除き、弱火にして4〜5分煮る。じゃがいもがやわらかくなったら水どきかたくり粉を加えてとろみをつける。

5 器に盛り、実山椒を散らす。

ツナウフマヨ

材料（4人分）

卵……4個
ツナ缶（オイルづけ）……1缶（70g）
きゅうり……1/3本
玉ねぎ……1/6個
A
マヨネーズ……大さじ3
薄口しょうゆ……小さじ1
ねりがらし……小さじ1/2
あらびき黒こしょう……少々

作り方

1 きゅうり、玉ねぎはみじん切りにする。
2 ボウルにツナを缶汁ごと入れ、**1**、**A**を加えてまぜ合わせ、冷蔵室で1時間ほど冷やす。
3 卵は室温にもどす。
4 なべにたっぷりの湯を沸かして卵をそっと入れ、弱火にして菜箸でまぜながら1分ほどゆでる。そのまま5分30秒ほどゆで、氷水にとる。あら熱がとれたら水の中で殻をむき、とり出して半分に切る。
5 器に**2**を敷いて**4**をのせる。

「ウフ」はフランス語で卵の意味。
半熟卵にツナマヨを合わせた
おしゃれな前菜です。
娘がこんなのが好きなんでね。

下ゆでも、煮るのも
ほったらかしで大丈夫。
手間をかけなくても豚肉は
ホロホロの食感になるんです。
煮汁もスープとして楽しめます。

ゆで豚わさび

材料（3〜4人分）

豚バラかたまり肉……400g
細ねぎ……5本
A
　こぶ（だし用）……3g
　水……3カップ
　酒……½カップ
　薄口しょうゆ……大さじ2
塩……少々
あらびき黒こしょう……適量
ねりわさび……適量

作り方

1 なべに豚肉、たっぷりの水を入れて強火にかけ、煮立ったら弱火にし、アルミホイルで落としぶたをして40分ほどゆでる。

2 ゆで汁を捨て、アクや汚れをさっと洗う。1.5㎝厚さに切り分ける。

3 なべに**A**を入れて強火にかけ、**2**を加える。煮立ったらアクを除き、弱火にして30分ほど煮る。途中煮汁が減ったら、元の分量まで水を足す。

4 細ねぎは5㎝長さに切る。

5 器に**3**の豚肉を盛って黒こしょう少々を振り、ねりわさび、**4**を添える。**3**の煮汁は別の器に盛って黒こしょう少々を振り、スープとして飲む。

刺し身こんにゃくのカルパッチョ

野菜を刻んで
ドレッシング仕立てにすれば、
こんにゃくが、
白ワインにも合う一皿に。

材料（2人分）

刺し身こんにゃく……150g
トマト……½個
玉ねぎ……⅙個
ピーマン……1個
青じそ……3枚

A
にんにくのすりおろし……小さじ½
オリーブ油……大さじ2
酢……大さじ1½
薄口しょうゆ……小さじ1

塩、あらびき黒こしょう…各少々

作り方

1 トマト、玉ねぎ、ピーマン、青じそはあらみじんに切る。ボウルに入れ、**A**を加えてあえ、冷蔵室で1時間ほど冷やす。

2 刺し身こんにゃくはさっと洗って、薄いそぎ切りにして器に並べ、塩を振る。**1**を全体にかけて黒こしょうを振る。

たこアボカド

歯ごたえのよいたこに
アボカドがよくからんで、
まったりとした
コクのある味わいに。

材料（2人分）

ゆでだこの足……80g
アボカド……1個
きゅうり……½本
塩……少々
A
プレーンヨーグルト……大さじ3
しょうゆ……小さじ1
タバスコ、あらびき黒こしょう……各少々
細ねぎ……3本
いり白ごま……少々

作り方

1 きゅうりは乱切りにして塩を振り、10分ほどおいてしんなりしたら水けをふく。細ねぎは小口切りにする。
2 ゆでだこの足は一口大に切る。
3 アボカドは縦にぐるりと包丁を入れて半分に切り、種を除いて皮をむく。半分は一口大に切り、残りはボウルに入れてスプーンでつぶし、残りのアボカド、Aを加えてまぜ合わせる。残りのアボカド、きゅうり、2を加えてさっとあえる。
4 器に盛り、細ねぎ、ごまを振る。

これは店で余った
刺し身の端切れで作るメニュー。
だから刺し身はなんでもいい。
納豆も大好きだし、いちばんよく作るかな。

ぜいたく納豆

材料（2人分）

刺し身盛り合わせ……適量
納豆……2パック
細ねぎ……5本
たくあん……50g
A しょうゆ……大さじ2
　みりん……大さじ1
　ねりわさび……少々
卵黄……2個分
刻みのり……適量

作り方

1 細ねぎは小口切りにし、たくあんは5㎜角に切る。
2 納豆は添付のたれ、ねりがらしとまぜ合わせる。
3 刺し身は1㎝角に切ってボウルに入れ、Aを加えてあえる。
4 器に1、2、3を盛り合わせ、卵黄をのせてのりを添える。

あじの開きボイル

魚の干物を煮た
ポルトガル料理がヒントに。
身がほぐれやすく、食べやすい。
煮汁はスープに。

材料（2人分）

あじの開き……2枚
白菜……1/8個
ねぎ……1/2本
しいたけ……2個
大根……100g
A
水……4カップ
酒……大さじ3
みりん、しょうゆ……各大さじ2
すだち……1/2個
しょうゆ、一味とうがらし……各少々

作り方

1 白菜はざく切りに、ねぎは斜め薄切りに、しいたけは半分に切る。

2 大根はすりおろし、ざるに入れて水けをきる。

3 フライパンに**A**、あじの開きを入れて強火にかけ、煮立ったらアクを除き、弱火にして5〜6分煮る。

4 あじの開きをとり出して**1**を加え、火が通るまで7〜8分煮る。

5 器にあじの開きと野菜を煮汁ごと盛り、すだちを添える。**2**も添えてしょうゆをかけ、一味とうがらしを振る。

玉ねぎトマトサラダ

少量の砂糖で
甘みが引き出されたトマト。
これを冷やす間に風呂に入り、
キンキンのビールとともに。
至福です。

材料（2人分）

トマト……2個

A
砂糖……小さじ1
塩……小さじ½

玉ねぎ……½個
みょうが……1個
青じそ……5枚

B
リラダ油、酢……各大さじ2
しょうゆ……小さじ2
みりん……小さじ1
あらびき黒こしょう……少々

作り方

1 玉ねぎはみじん切りにして水に10分ほどさらす。ふきんで包んでしっかりと水けをしぼる。

2 みょうが、青じそはあらみじんに切ってボウルに入れ、**1**、**B**を加えてまぜ合わせる。冷蔵室で1時間ほど冷やす。

3 トマトはへたをとって皮を湯むきし、乱切りにする。ボウルに入れ、**A**を加えてさっとあえる。冷蔵室に入れて30分ほどおき、味をなじませる。

4 器に**3**を盛って**2**をかける。

自宅で使う器のこと

どんな器がいいか。というより、いいな、と感じたものを

「賛否両論」で使う器を買うときは、あの料理を盛りつけるためのものが何個で、予算はだいたいこれくらい。盛りつけたときの見ばえのよさ、コースの中でのバランス、お客さまが触れたときの感触など、いろいろなことを考慮して選びます。

でも、自宅で使う器は、そんなことは考えなくていい。というか、考えたくない。「あっ、これいいな！」と感じた器を手にとって、持った感触がよければ、それでいいんだと思います。

だから、うちには旅先で見つけたかわいい器がたくさんあるんです。

ユニークな形や郷土色のあるものに惹かれます

ひょうたんの形をしているだけでなんだか愛嬌がありますよね。何と何を盛り合わせるとよいかを考えるだけで楽しくなります。ガラスの器と絵柄のある皿は沖縄で見つけたもの。琉球ガラスの緑と青は沖縄の海を感じさせる気持ちのよさがあり、「やちむん」という沖縄特産の皿はぽってりとした厚みで、躍動的な模様が特徴的です。いろいろな模様があって、どれにするか迷うのも旅先の楽しみのひとつですね。

豆皿で1人の時間を楽しみます

家でひとりでちびちびと飲むときには、いろいろなつまみをちょっとずつ豆皿に盛るのが好きなんです。鯛の刺し身に塩こぶ入りのドレッシングをかけたり、たれを変えた冷ややっこを2〜3種盛ったり……。豆皿を使って好きなつまみをいくつか並べると、小粋な小料理屋に来たみたいで楽しいのです。だから、豆皿は同じものを何枚も持っていなくてもバラバラでいいと思っています。

大皿を使うと見ばえよく盛りつけられ、食卓が華やかになります

食卓でとり分けるのがめんどうでなければ、煮物でもサラダでも、1人分ずつ盛るよりは、大皿にこんもりと盛りつけるほうがかっこよく仕上がります。絵柄などがないシンプルなものが使いやすいです。

3人の子供たちよりメッセージ

ふだんは父の料理を食べる機会が少ないので、自粛期間中においしいごはんをたくさん作ってくれ、家族で父の料理を食べられたことがうれしかったです。

和食だけでなく、イタリアンやタイ料理など、さまざまなジャンルの料理を作ってくれたので、毎日ごはんの時間が楽しみでした。

また作ってほしいです。

長女　莉紗《りさ》（社会人）

今回、「おわりに」を執筆させていただくことになり、緊張とうれしさで眠れない夜（笑）を過ごしました。『まかないみたいな自宅飯』はいかがだったでしょうか？

ふだんは照れくさくてなかなか伝えられないので、この場を借りて、父上に感謝を申し上げたいと思います。いつも本当にお疲れさまです。そしてありがとう。

正直、前代未聞のコロナ禍でのお仕事は本当に大変だと思います。しかしながら、ステイホーム期間に父上がお料理をしてくれたり、一緒に食卓を囲み、過ごす時間が増えたことがうれしかったりもしました。そして、家族で食卓を囲んで食事をするという、一見普通のことが本当に幸せで尊いことなのだとあらためて実感できた期間でもありました。特に、スパイスから作ったカレーはお店を出せるレベルにおいしかった。「賛否両論」カレー専門店を神保町に出店しませんか？（笑）。冗談はさておき、本当においしかったです。

まだまだ不安定な状況が続くのかもしれませんが、これまでと変わらず「賛否両論」のマスターらしい、遊び心のある素敵なお料理をたくさんの人に届けていってください。いつまでも応援しています。

次女　夕莉《ゆり》（学生）

和食だけでなくイタリアンやフレンチの料理を作ってくれて、どの料理もとてもおいしかった。また、お店で作ってくれたしゃぶしゃぶや鶏肉の塩焼きも、すごくおいしかったなあ。

ステイホーム期間に家族の時間が増えた中で、ごはんを作ってくれたこと、とても感謝しています。ありがとう。

長男　蕗維《ろい》（高校2年生）

おわりに

久しぶりに家族のために料理を作り、家族揃って食卓を囲む時間が増えたことは、私にいろいろな発見をくれました。

世界中の料理の奥深さが知れたのはもちろんのこと、長女が酒が強いこと。次女が生ガキ好きなこと。長男がペペロンチーノにはこだわりがあること。

子ども3人ともいつの間にか大きくなったなぁということ。

家族で普通に食事ができるのは幸せだということ。

少々酒飲みすぎなところもありますが、これからも楽しい食卓を囲みましょう。よろしくね。父より。

笠原将弘

笠原 将弘

東京・恵比寿にある日本料理店「賛否両論」店主（愛称はマスター）。1972年、東京生まれ。高校卒業後「正月屋吉兆」で9年間修業したのち、父の死をきっかけに武蔵小山にある実家の焼き鳥店「とり将」を継ぐ。2004年に「賛否両論」をオープンし、すぐに予約のとれない人気店として話題になる。2013年に名古屋店、2019年に金沢店も開店。テレビをはじめ、ラジオ出演、雑誌連載、料理教室など幅広く活躍。手がける料理レシピ本の人気も高く、著書累計は127万部を超えた。プライベートでは、長女、次女、長男との４人家族。忙しい日でも子どもたちの弁当作りは欠かさない。

日本料理　賛否両論
東京都渋谷区恵比寿2-14-4
TEL03-3440-5572

撮影　原 ヒデトシ
スタイリング　遠藤文香
アートディレクション　中村圭介（ナカムラグラフ）
デザイン　樋口万里
野澤香枝
鳥居百恵
藤田佳奈
鈴木茉弓
（ナカムラグラフ）
構成・取材・文　早川徳美
編集担当　澤藤さやか（主婦の友社）

笠原《かさはら》将弘《まさひろ》の まかないみたいな自宅飯《じたくめし》

2021年10月20日　第1刷発行
2024年12月10日　第7刷発行

著　者　笠原将弘《かさはらまさひろ》
発行者　大宮敏靖
発行所　株式会社 主婦の友社
〒141-0021
東京都品川区上大崎3-1-1
目黒セントラルスクエア
電話03-5280-7537
(内容・不良品等のお問い合わせ)
049-259-1236(販売)
印刷所　大日本印刷株式会社

ISBN978-4-07-449059-2